How to (not) kill your darlings

Das Übungsbuch für eine glückliche Beziehung

Marco Kerhsenfischer und Simon Seibold
Psychologischer **Tat**geber

Inhalt

Warum dieses Buch?

... und weshalb du es lesen solltest.

Dieses Buch bietet dir die Möglichkeit, kostengünstig und mit wenig Zeitaufwand fundamentale persönliche Entwicklungen zu erreichen. Dir werden Wissen und Methoden vermittelt, um eine authentische und glückliche Beziehung zu führen. Unsere 25 Übungen wurden so entwickelt, dass sie nicht als zusätzliche Belastung im Alltag wahrgenommen werden. Deshalb haben wir sie voll und ganz darauf ausgerichtet, dass die gemeinsam mit dem Partner verbrachte Zeit als unbezahlbar erlebt wird. Die Übungen laden dich dazu ein, dich inspirieren zu lassen, unbekannte und spannende Seiten deiner Beziehung zu entdecken, dich neu zu verlieben und jeden Tag sinnbringend zu leben. Hierfür haben wir unsere komprimierte Erfahrung aus der psychologischen Praxis und jahrelangen Weiterbildungen strukturiert und nutzbar gemacht.
Ein Buch zu Paarberatung zu kaufen oder eine Paartherapie in Anspruch zu nehmen, ruft oftmals Widerstände hervor. Die Sorge darüber, stigmatisiert zu werden oder sich vermeintlich einzugestehen, dass etwas nicht normal sei, ist für viele Grund genug, alles beim Alten zu lassen. Dabei wird oft übersehen, dass sich Beziehungen naturgemäß verändern, da sich die Partner selbst und deren Lebensumstände kontinuierlich im Wandel befinden. Diese Veränderungen erfordern eine ständige Anpassung der Partnerschaft an die aktuellen Gegebenheiten und die eigenen Bedürfnisse. Erst durch die kontinuierliche Arbeit an der Beziehung können Partner mit- und aneinander wachsen.
Wenn kein Problem vorliegt, beschäftigen sich die wenigsten mit ihrer Beziehung. Sich dennoch mit ihr auseinanderzusetzen, zeugt von Liebe, Vertrauen und der Bereitschaft eine langfristige Verbindung mit dem Partner einzugehen. Dabei ist jede Bestrebung gemeint,

die die eigene Beziehung zu einem glücklichen Ort macht, an dem beide Partner Kraft tanken können. Wenn dich dein Partner also mit diesem Buch überrascht, gibt er dir damit zu verstehen, dass er dich liebt und sich mit dir verwirklichen möchte. Am Ende des Buches mag es dir sogar deutlich bewusst sein, dass Unstimmigkeiten in der Beziehung nicht so viel mit euren unterschiedlichen Charakteren zu tun haben. Vielmehr basieren sie auf einem Zusammenspiel aus eurer Kommunikation, der eigenen Erziehung, den Erfahrungen aus vorherigen Beziehungen und euren Lebensumständen.

Eine Beziehung sollte regelmäßig gepflegt werden, damit sie langfristig funktioniert, wie beispielsweise der eigene Körper. Du versorgst deinen Körper mit Lebensmitteln und Nährstoffen, verwendest Kosmetika, putzt dir deine Zähne, schneidest deine Nägel und Haare, gehst in regelmäßigen Abständen zu Ärzten und kümmerst dich um Verletzungen, wenn dir etwas zustößt. Das ist für dich selbstverständlich, weil du es gelernt und verinnerlicht hast. Dieselbe Energie solltest du unserer Meinung nach in dein psychisches Wohlbefinden investieren. Stell dir vor was passiert, wenn du von heute auf morgen mit deiner Ernährung und Pflege aufhörst oder Wunden nicht mehr verarztest. Nicht nur der Erhalt der Beziehung, sondern auch das persönliche Wachstum bedürfen des aktiven Zutuns der Partner. Wir wollen uns vom Partner wertgeschätzt und geliebt fühlen und miteinander wachsen. Selbst wenn eine Beziehung gut funktioniert, sollten auch erfolgreiche Aspekte kultiviert und gestärkt werden, damit sie nicht zur automatischen Routine verkommen. Eine Beziehung besteht aus konstanten Liebesbezeugungen in Form von kleinen und großen

Aufmerksamkeiten, positivem Feedback, Komplimenten, Dankbarkeit, der Motivation eine langfristige Liebesbeziehung zu führen sowie gemeinsamen Zielen. Was bliebe übrig, wenn diese Liebesbezeugungen wegfallen würden?
Unser Buch gibt euch so viel zurück, wie ihr bereit seid in eure Beziehung zu investieren. Mit dem Wissen und den Methoden könnt ihr Berge versetzen oder Kiesel schnipsen, ganz nach euren Bedürfnissen. Unsere Beratungserfahrung hat gezeigt, dass oftmals ein kleiner Anstoß ausreicht, um große Veränderungen in Gang zu setzen. Wir verstehen uns als Berater, die Ideen, Ansätze und Techniken vermitteln, damit du sie so einsetzen kannst, wie sie perfekt für dich passen und du zum Experten deiner eigenen Beziehung wirst. Dieses Buch ist kein langwieriger und verkopfter Ratgeber. Stattdessen soll es euch schnell und effektiv dabei unterstützen zu erkennen, was bereits gut in eurer Beziehung läuft und was noch verändert werden darf/kann. Der Inhalt ist für jeden geeignet, der Interesse für dieses Thema hat. Ob Quereinsteiger oder erfahrener Psychologe, es ist kein psychologisches Vorwissen nötig, um die Übungen ausführen zu können, da wir bewusst auf Fachsprache verzichtet haben. Stattdessen arbeiten wir hauptsächlich mit Metaphern, Bildern und Analogien, die den Lernprozess unterstützen.
Die Inhalte dieses Buches spiegeln unsere Haltung, Ideen und Hypothesen wider. Wenn du dich nicht gut fühlst, sprich lieber mit einem Arzt oder Therapeuten, statt alleinig unseren Übungen zu vertrauen. Wir bieten keinen Ersatz für jedwede Form von persönlicher Beratung, Therapie oder den Besuch eines Arztes. Die Übungen sind nicht dazu gedacht, den Partner zu verändern. Einstellungen und Verhaltensweisen können

und dürfen jedoch verändert werden, wenn sie euch hindern, anstatt euch dabei zu helfen zu wachsen. Da Veränderungen bei jedem anders zutage treten, solltest du dich wohl dabei fühlen, diese Veränderungsprozesse eigenständig durchzumachen. Es ist gut, wenn du in der Vergangenheit schon Veränderungsprozesse begonnen und ausgehalten hast. Wenn du dir das nicht zutraust und dir dabei Unterstützung wünscht, empfehlen wir dir, Hilfe in Form einer Paar- oder Einzelpsychotherapie aufzusuchen. Die Kosten für eine Paartherapie übernimmt die Krankenkasse bisher nicht.

Für eine Einzeltherapie solltest du deine Krankenkasse direkt anrufen und dich erkundigen, denn häufig wartet man bis zu sechs Monaten auf einen freien Therapieplatz. Wenn du deine Krankenkasse konsultierst, hast du auch Zugang zu Kassentherapeuten, die noch nicht online einsehbar sind. Die Wahrscheinlichkeit zeitnah einen Therapieplatz zu bekommen, könnte dadurch höher sein. Zu beachten ist, dass du auf diese Weise eine Diagnose gestellt bekommst, die in deiner Krankenkassenakte einsehbar ist. Dadurch könntest du Schwierigkeiten bei Jobs mit Verbeamtung oder beim Wechsel in eine private Krankenversicherung bekommen.

Eine weitere Möglichkeit ist, dich direkt bei den vielen therapeutischen Ausbildungsinstituten in deiner Nähe zu bewerben. Pro Ausbildungsjahr stehen dir ca. 60 Therapeuten in Ausbildung zur Verfügung. Diese sind meist schon im fortgeschrittenen Ausbildungsstadium, werden engmaschig und professionell von erfahrenen Therapeuten und Supervisoren betreut und suchen oft händeringend nach Menschen mit Therapiewunsch.

Da jede Übung für sich steht, kann man sie nach Lust und Laune ausprobieren. Wir empfehlen, die Übung „Warm-up" zu Beginn und den „Cooldown" zum Schluss zu absolvieren. Der „Cooldown" ist der letzte Teil des Erfolgsrezeptes und zeigt durch die Übungen eure Entwicklung. Die „Believe IT I - III" Übungen eignen sich ebenfalls dazu sie in chronologischer Reihenfolge zu durchlaufen. Ansonsten seid ihr herzlich dazu eingeladen, durch Experimentieren herauszufinden, welche Übungen für euch am besten passen.

Wir wünschen viel Spaß und Erfolg,
Euer Marco und Simon

PS: Vergesst nicht - dies ist ein interaktives Buch! Macht euch Notizen und markiert die für euch relevanten Stellen.

Hinweis:
Wir sprechen der Einfachheit halber in diesem Buch vom „Partner", um den Lesefluss nicht unnötig zu behindern. Diese Bezeichnung kann als geschlechtsneutral aufgefasst werden und gilt somit für alle Geschlechter. Die Entscheidung, nicht zu gendern, wurde nach Rückmeldung durch zahlreiche Probeleser getroffen.

Unser Ansatz

Unser Ziel als Autoren ist psychologisches Wissen mit Erkenntnissen aus der Beratungspraxis zu verbinden und praktisch und verständlich zugänglich zu machen. Hierbei haben wir den Anspruch Inhalte so anschaulich und mühelos umsetzbar zu vermitteln, dass persönliche Entwicklungsziele ganz aus eigener Kraft erreicht werden können.

Fernab von bloßer Theorie und Fachsprache steht für uns das im Mittelpunkt was empirisch funktioniert. Wir bedienen uns bewährten Ansätzen aus verschiedenen Fachrichtungen, auch wenn diese auf den ersten Blick ungewöhnlich erscheinen mögen, und formen daraus individuell anpassbare Entwicklungskonzepte. Obgleich wir beide, unter anderem, klassische Psychologiestudien durchlaufen haben, war uns immer wichtig interdisziplinär und kreativ zu arbeiten und im konstanten Austausch mit verschiedensten Fachbereichen zu stehen. Hiervon sollst du, lieber Leser, nun profitieren.

Mit unserem eigenen Indie-Verlag Maindo Media nutzen wir dazu verschiedene Medien, allen voran das geschriebene Wort. Der Begriff „Maindo“ (マインド) stammt aus dem Japanischen und bedeutet so viel wie „Bewusstsein“. Denn: Dir zu helfen, Bewusstsein für das zu entwickeln, was für dich individuell funktioniert, ist unsere oberste Maxime. Wir hoffen mit diesem Buch unseren kleinen Beitrag dazu leisten zu können.

How to kill your darlings

... warum eigentlich?

Dieser provokativ-ironische Leitsatz hat seinen Ursprung im Journalismus und dem Filmgeschäft. Er soll (Drehbuch-)Autoren mit einem Augenzwinkern dazu ermahnen, ihre Werke hinsichtlich der Ideen, Charaktere und Handlungsstränge ständig auf Praxistauglichkeit zu überprüfen. Das Schlimmste, was dem Autor passieren könnte, wäre, an Charakteren oder Stories festzuhalten, die später auf der Leinwand nicht funktionieren und dem Gesamtwerk keinen Mehrwert bieten. Der Autor ist daher angehalten, seine „Darlings" trotz starken persönlichen Bezugs zu eliminieren, um den Film auf das Wesentliche zu reduzieren und das Gesamtbild im Auge zu behalten. Das erfordert jede Menge Reflexionsvermögen und die Fähigkeit, über den eigenen Schatten zu springen. Meisterwerke entstehen nicht von heute auf morgen, sondern durch einen konstanten Prozess des Hinterfragens und Anpassens an die Gegebenheiten und Bedürfnisse.

Wir finden, dass sich diese Metapher bestens auf Beziehungen übertragen lässt. Um eine Beziehung am Leben zu erhalten und zu stärken, müssen sich Partner aus ihrer Komfortzone bewegen. Festgefahrene Überzeugungen, Gewohnheiten oder vermeintlich bewährte Verhaltensweisen müssen dabei über Bord geworfen werden. Um dies greifbarer zu machen, hilft das Veränderungsmodell von Kurt Lewin (1), der zunächst das Bild von eingefrorenen, das heißt erlernten, Mustern erschafft, die für die Veränderung erst aufgetaut, anschließend neu modelliert und in korrigierter Form wieder eingefroren werden. Mit den Übungen unterstützen wir euch in jeder dieser Phasen, indem alte Muster hinterfragt werden und Veränderungsbereitschaft durch Humor, positive

Haltung und anschauliche Alltagsbeispiele erzeugt wird.

Das Erfolgsrezept

In der Beratungspraxis hat es sich bewährt, eine konkrete Perspektive mit einer verbindlichen Vereinbarung zu kombinieren. Indem ihr die rationale Perspektive eures Verstandes mit der Kraft eurer Emotionen verbindet, entfaltet ihr euer volles Potenzial. Einfach gesagt bedeutet das: Wenn du weißt, wo es hingehen soll und es dir wichtig ist, erreichst du jedes Ziel.

Generell hilft es, sich bei einem Veränderungswunsch Zwischenziele zu setzen. Zum einen behaltet ihr dadurch den Überblick und zum anderen sind die Hürden auf diese Weise geringer. Diesen Schritt haben wir euch abgenommen, indem wir das Buch in mehrere Module unterteilt haben. Dadurch kommst du deinem Ziel mit jeder passenden Übung automatisch näher und siehst jeden Erfolgsschritt. Wenn ihr also das Inhaltsverzeichnis betrachtet, kennt ihr die Meilensteine auf dem Weg zu eurem Wunschziel.

Bevor es losgeht, solltet ihr euch überlegen, an welchen Aspekten eurer Beziehung ihr arbeiten wollt und wie hoch eure jeweilige Bereitschaft ist, regelmäßig zu „trainieren". Das Erfolgsrezept besteht aus drei Teilen:

1. Zunächst beschreibt jeder Partner seine Wahrnehmung der aktuellen Situation und seine Motivation, die Zufriedenheit beider Partner zu maximieren.
2. Aus eurer Beschreibung entsteht euer Wunschbild, das eure wichtigsten Wünsche enthält.
3. Zuletzt erstellt ihr euren Trainingsplan.

Teil 1: „Wie ich unsere Beziehung zurzeit empfinde."

Bei der Einschätzung der aktuellen Situation raten wir euch, ausreichend Zeit einzuplanen. Die Fragen sollten wahrheitsgetreu beantwortet werden. Jeder Partner beantwortet die Fragen zunächst für sich und vergleicht sie vor Teil 2 mit seinem Partner. Denkt daran, es geht um eure individuellen Einschätzungen und Wünsche, die sich deutlich voneinander unterscheiden dürfen. Antwortet daher für euch und nicht, um eurem Partner zu gefallen. Ihr habt euch das Buch schließlich aus der Motivation heraus gekauft, die Beziehung bestmöglich für beide Partner zu gestalten und um eine passende Zukunftsperspektive zu finden. Die Übung hilft euch, auf einen gemeinsamen Nenner zu kommen und mögliche Unterschiede bei den Prioritäten zu entdecken. Im Kapitel „Cooldown" könnt ihr Teil 1 erneut durchführen und sehen, wie ihr euch durch das Training entwickelt habt.

Fragen zu euren Einschätzungen und Wünschen:

1. Unsere Beziehung ist mir wichtig.
   nein - eher nein - ich weiß nicht - eher ja - ja

2. Ich will an unserer Beziehung arbeiten.
   nein - eher nein - ich weiß nicht - eher ja - ja

3. Wir sprechen die gleiche Sprache.
   nein - eher nein - ich weiß nicht - eher ja - ja

4. Wir wachsen an Konflikten.
   nein - eher nein - ich weiß nicht - eher ja - ja

5. Wir wertschätzen uns gegenseitig.
   nein - eher nein - ich weiß nicht - eher ja - ja

6. Wir unterstützen uns im Alltag.
   nein - eher nein - ich weiß nicht - eher ja - ja

7. Wir sind ein Team und treffen Entscheidungen gemeinsam.
   nein - eher nein - ich weiß nicht - eher ja - ja

8. Wir verbringen unsere Zeit sinnvoll miteinander.
   nein - eher nein - ich weiß nicht - eher ja - ja

9. Wir unternehmen Dinge, die wir aufregend finden.
   nein - eher nein - ich weiß nicht - eher ja - ja

10. Wir erfreuen uns mit gegenseitigen Aufmerksamkeiten.
    nein - eher nein - ich weiß nicht - eher ja - ja

11. Wir tauschen Zärtlichkeiten aus.
    nein - eher nein - ich weiß nicht - eher ja - ja

12. Wir leben unsere sexuellen Bedürfnisse miteinander aus.
    nein - eher nein - ich weiß nicht - eher ja – ja

Teil 2: „Woran wir gemeinsam wachsen wollen."
Mithilfe der Fragen aus Teil 1 konntet ihr eure Prioritäten für das Training ausfindig machen. Sucht die Entwicklungspotenziale heraus, die für euch am relevantesten sind und sortiert sie alphabetisch. Euer wichtigstes Entwicklungspotenzial wird durch den

Buchstaben A priorisiert, das Zweitwichtigste durch B und so weiter. Bildet auf diese Weise eine Liste an Themen, an denen ihr arbeiten wollt.
Versetzt euch im Anschluss in ein fiktives Zukunftsszenario, in dem ihr euch vorstellt, dass ihr alle Entwicklungspotenziale erreicht habt. Stellt euch folgende Fragen:

- Was ist in der Zukunft anders?
- Woran erkennt ihr im Zusammenleben, dass ihr euer Training erfolgreich absolviert habt?
- Welche Veränderungen erkennst du bei deinem Partner? Welche erkennt er bei dir?
- Was sagen eure Freunde, Familienangehörige und Kollegen zu eurer Entwicklung?

Teil 3: „Was wir bereit sind, für unsere Beziehung zu tun."
Um einen Überblick zu bekommen, wie viel Zeit ihr monatlich in eure Beziehung investieren wollt, bietet sich diese simple Rechnung an:

(Investierte Minuten pro Tag x Kalendertage pro Monat) / 60 = monatliches Stundenkontingent

Beispiel:
(8 Minuten täglich x 31 Tage im Mai) / 60 = ca. 4 Stunden pro Monat
Vier Stunden pro Monat sind ca. eine Stunde pro Woche. Das ist in Anbetracht der 168 Stunden einer Sieben-Tage-Woche durchaus realistisch.

Das Kontingent sollte ein bestmöglicher Kompromiss für euch sein und dient als ungefährer Richtwert für die

monatlich investierte Zeit. Ihr sollt euch weder mit einer unrealistisch hohen Anzahl überfordern noch mit einer zu niedrigen unterfordern. Viele Paare berichten uns, dass sie sich ein- bis viermal pro Monat zu einem festen Pärchenabend verabreden, um die Paarübungen gemeinsam durchzuspielen. Die Einzelübungen können verteilt über die Woche durchgeführt werden, wenn das bei euch zeitlich passt.
Die Kunst besteht darin, sich nicht zusätzlich zu den täglichen Aufgaben Arbeit zu verschaffen, sondern freie Zeitinseln am Tag ausfindig zu machen und diese zu nutzen. Solche Zeitinseln entstehen beispielsweise durchs Warten, Fahren oder freier Zeit zwischen Terminen. Zudem kann man das Nützliche mit dem Angenehmen verbinden und beispielsweise eine Kommunikationsübung in den Arbeitsalltag einbauen oder in der Pause abschalten, indem man dem Gehirn eine kreativitätsfördernde oder entspannende Einheit gönnt. Notiert jeden Monat eure Trainingszeit auf dem Erfolgsrezept. Somit habt ihr einen Überblick und könnt einschätzen, wie viel Training euch guttut.

Verbindliche Vereinbarung:
Wir wollen an unserer Beziehung arbeiten und gemeinsam wachsen.

Ort: ____________________

Datum: ____________________

Unterschriften: ____________________________

Hinter den Kulissen

In die Gänge kommen

„Gehirn, Symbol der Unerschöpflickeit."
- Manfred Hinrich

Unsere Übungen verbinden psychologische und neurowissenschaftliche Erkenntnisse mit Beratungserfahrung aus der Praxis. Es ist mittlerweile allgemein bekannt, dass sich das Gehirn ein Leben lang neu strukturiert und wir somit ein Leben lang lernen. Durch neue Erfahrungen und das Erlernen von Wissen werden die Anzahl und Anordnung von Synapsen verändert. Dabei kann man sich die Nervenverbindungen wie einen Trampelpfad vorstellen: Je öfter er begangen wird, desto größer und tiefer wird der Pfad, bis er zu einer breiten Straße wird (Hebbsche Lernregel: "Neurons that fire together, wire together"). Übersetzt bedeutet das: "Neuronen, die gemeinsam aktiviert werden, verbinden sich auch miteinander". Damit wird das Wissen ohne Probleme verfügbar und abrufbar.
Das Gehirn und das Nervensystem sind primär auf Sicherheit und Überleben ausgerichtet. Als Überlebensstrategien dienen Kampf, Flucht oder Starre (2). Die jeweilige Strategie wird durch die individuelle Einschätzung einer Situation ausgewählt, die bei jedem reflexartig und teilweise sehr unterschiedlich abläuft. Ob eine Situation als bedrohlich, harmlos, leicht zu bewältigen, überfordernd, lähmend oder anspornend interpretiert wird, entscheiden oft prägende Erfahrungen oder die Erziehung. Dazu ist es notwendig, dass man die Funktionsweise des eigenen Nervensystems versteht.
Man schreibt dem Nervensystem fünf verschiedene, emotionale Zustände zu (3). Im ersten und bevorzugten Normalzustand fühlen wir uns sicher, wohl und sind

offen und kooperativ. Gefühle wie Freude, Zufriedenheit und Liebe stehen hier im Vordergrund. Die Kooperation mit anderen erhöht obendrein die Überlebenschancen.

In den zweiten Zustand, den Kampf- oder Fluchtmodus schalten wir, wenn wir eine mögliche Gefahr entdeckt haben und eine Reaktion erforderlich ist. Sicherheit und Überleben stehen in diesem Moment an oberster Stelle. Adrenalin wird ausgeschüttet, der Herzschlag und Blutdruck steigen an, die Muskeln werden angespannt. Der Körper bereitet sich auf eine Reaktion vor. Wir werden durch Emotionen wie Angst, Ungeduld oder Wut mobilisiert. In der Alltagssprache „stehen wir gerade unter Stress“ und greifen auf erlernte Angriffs- oder Verteidigungsstrategien zurück.

In den dritten Modus, den Zustand der Starrheit, verfallen wir, wenn uns die Emotionen lähmen. Kampf oder Flucht erscheinen uns in diesen Situationen als keine Optionen mehr, da die Situation als übermächtig erlebt wird. Dieser Zustand der Empfindungslosigkeit soll uns schützen, indem wir in den Stand-by-Modus schalten, Ressourcen schonen und die Aufmerksamkeit von uns ablenken. Wir verbinden apathische Gefühle, Hilf- und Hoffnungslosigkeit mit diesem Zustand.

Darüber hinaus gibt es einen vierten Zustand der erhöhten Aufmerksamkeit und gleichzeitiger Entspannung, den wir beispielsweise vom Meditieren kennen. Wir sind entschleunigt und fühlen uns geborgen. Kreativität und der sogenannte Flow-Zustand, in dem uns scheinbar alles gelingt, können in Erscheinung treten.

Im fünften Zustand sind wir in einer Art sportlichem Wettbewerbsmodus, das bedeutet, wir kämpfen und fühlen uns zugleich sicher.

Unsere Emotionen spielen bei der Steuerung der Zustände eine entscheidende Rolle. Im Alltag ist es nicht entscheidend Gefühle zu kontrollieren, sondern die Fähigkeit zur Selbstregulation zu trainieren. Wie bei der Gangschaltung eines Autos braucht man alle Gänge, um nachhaltig vorwärtszukommen. Manche Personen bleiben in den Zuständen hängen, da deren Selbststeuerung nicht mehr optimal funktioniert. Sie sind in gewisser Weise aus der Balance geraten und finden nicht mehr in den Normalzustand zurück. Diesen Ausgleich von Spannung und Entspannung, also die Regulation, kann man lernen. Neben dem gezielten Training haben beispielsweise Hypnose, Meditation und Psychotherapie einen ähnlichen Effekt auf das Gehirn. Für das Glück der Beziehung ist es hilfreich, sich der Natur der eigenen Gefühle bewusst zu sein und zu lernen die eigene Gefühlswelt zu regulieren.

Warm-up

Der Sweetspot (Partnerübung)

„Liebe ist die Belohnung für Liebe"
– Unbekannt

Der Begriff „Sweetspot" hat seinen Ursprung in der Raumakustik. Er bezeichnet die Stelle im Raum, an dem die Schallwellen der Boxen optimal aufeinandertreffen und der Klang bestmöglich durch den Hörer wahrgenommen werden kann. Übertragen auf eine Beziehung ist das der Punkt, an dem ihr euch am wohlsten fühlt und auf einer Wellenlänge seid. Um euch zu Beginn des Übungsteils zu motivieren und um für das richtige Setting zu sorgen, empfehlen wir, den Sweetspot als erste Übung durchzuführen. Dadurch wird euer Fokus für die positiv erlebten Aspekte der Beziehung geschärft und werden eure Empathie, Kreativität und Problemlösekompetenz trainiert, die ihr für euer gemeinsames Wachstum einsetzen könnt. Des Weiteren kann auf diese Weise eine sichere Basis für euer weiteres Training geschaffen werden, da ihr eure Energie positiv ausrichtet. Wie beim Sport empfiehlt es sich, euch vor dem eigentlichen Workout aufzuwärmen. In diesem Fall bereitet ihr euch durch das gegenseitige Erzählen von inneren Bildern vor. Innere Bilder sind Vorstellungen, Erfahrungen, Erinnerungen und Erlebnisse, die man mit dem Partner und der Beziehung verbindet.

Übungsteil:

1. Macht es euch bequem und besprecht die folgenden Fragen nacheinander.
2. Überspringt Fragen, wenn euch nach langer Überlegung nichts dazu einfällt.

3. Der letzte Schritt ist schwer zu erklären, trotzdem funktioniert er. Schaut euch für drei Minuten tief in die Augen, nachdem ihr die Fragen beantwortet habt, ohne dabei zu sprechen. Durch den langen Blickkontakt bekommt die Übung eine emotionale Tiefe.

- Wie lautet deine Version der Geschichte, wie ihr euch ineinander verliebt habt?
- Was findest du besonders anziehend an deinem Partner?
- Womit hat dich dein Partner zum Staunen gebracht?
- Womit denkst du, hast du deinen Partner zum Staunen gebracht?
- Was war das Schönste, das du jemals zusammen mit deinem Partner erlebt hast?
- Was durftest du von deinem Partner lernen?
- Was war die wichtigste gemeinsame Entscheidung, die ihr getroffen habt?
- Was macht euch als funktionierendes Team aus?
- Durch welche vergangenen Ereignisse seid ihr noch näher zusammengekommen?
- Welche gemeinsamen Aktivitäten schätzt ihr?
- Welche Eigenschaften oder Fähigkeiten habt ihr gemeinsam?
- Für was bist du deinem Partner in eurer Beziehung am meisten dankbar?
- Welche Fähigkeiten bewunderst du bei deinem Partner?
- Welche Eigenschaften zeichnen deinen Partner besonders aus?

- Was würdest du gerne von deinem Partner wissen, das du ihn bisher nicht gefragt hast?
- Was würdest du deinem Partner gerne sagen, das du ihm bis heute nicht gesagt hast?

Raum für Notizen:

Reflexion

Kill your darlings (Partnerübung)

„Erzähle mir und ich vergesse.
Zeige mir und ich erinnere.
Lass es mich tun und ich verstehe."
– Konfuzius

Diese Reflexionsübung unterstützt euch dabei einen raschen, visuellen Eindruck zum Stand eurer Beziehung zu bekommen, indem ihr eure Prioritäten klar definiert und eure Ziele und Handlungen kritisch hinterfragt. Somit könnt ihr herausfinden, welche Verhaltensweisen ihr beibehalten, verändern, wiederbeleben oder loswerden wollt. Auch alltägliche Themen, wie Haushaltsarbeiten, sind eine nähere Betrachtung wert. Die Übung bietet euch damit die Möglichkeit, konstruktive Kritik zum eigenen Wachstum einzusetzen.

Übungsteil:

1. Setzt euch derart hin, dass ihr nicht sehen könnt, was euer Partner macht. Nehmt jeweils drei Blatt Papier in den Farben rot, grün und gelb zur Hand. Falls ihr diese nicht vorrätig habt, könnt ihr weiße Blätter und drei farbige Stifte zur Hand nehmen.
2. Auf den grünen Zettel schreibt ihr Verhaltensweisen, die eurer Beziehung guttun und die ihr gern beibehalten wollt. Auf den gelben Zettel kommen Verhaltensweisen, die ihr ausbauen und/oder verändern wollt. Auf den roten Zettel schreibt ihr Verhaltensweisen auf, auf die ihr in Zukunft verzichten wollt. Pro Zettel solltet ihr drei bis fünf Punkte auflisten.
3. Wenn ihr damit fertig seid, schaut euch an, was euer Partner notiert hat. Diskutiert über die

Ergebnisse. In welchen Punkten seid ihr euch einig? Wo nicht? Kennzeichnet Punkte, bei denen ihr nicht einer Meinung seid. Weshalb seid ihr unterschiedlicher Meinung? Formuliert eure Ergebnisse als Handlungsziele auf einen Zettel. Besprecht, welche Verhaltensweisen ihr zeigen müsst, damit ihr diese Ziele erreicht. Verwahrt den Zettel an einer gut zugänglichen Stelle und reflektiert regelmäßig über eure Fortschritte.

Tipp: Macht daraus ein Ritual und integriert solche Gespräche in euren Alltag.

Raum für Notizen:

Reflexion

Im Einklang (Partnerübung)

„Leben ist die dauernde Anpassung
innerer Beziehung an äußere.“
- Herbert Spencer

Hast du deinen blinden Fleck gefunden oder hat ihn vielleicht dein Partner entdeckt? Wie genau kannst du dich einschätzen und wie authentisch wirkst du auf andere? Welche Eigenschaften versuchst du zu verbergen? Diese Fragen sind selbst für reflektierte

Menschen nicht leicht zu beantworten oder gar offen darzulegen. Sich selbst zu kennen ist essenziell für den eigenen Selbstwert, für eine glaubwürdige Identität und damit für eine authentische Paarbeziehung. Diese Übung bringt Aufschluss über die Antworten durch den Wechsel und die Erweiterung deiner Perspektive. Sie basiert auf dem Konzept des Johari-Fensters der beiden Psychologen Joseph Luft und Harry Ingham (6). Die Übung ist hauptsächlich für Teams mit mehreren Personen ausgelegt, in dieser Variante für dich und deinen Partner. Ihre „Fenster" werden in vier quadratische Bereiche unterteilt:

Öffentlich: Deine Wirkung auf deinen Partner
Was dein Partner von dir wahrnimmt und was du von dir preisgibst. Das schließt beispielsweise deine äußere Erscheinung und persönliche Eigenschaften mit ein.

Geheim: Dein Innenleben
Das, was nur dir bekannt ist und das, was du wissentlich oder unwissentlich für dich behältst.

Blinder Fleck: Das, was dein Partner von dir wahrnimmt, du dagegen nicht
Welche Signale du unbewusst nach außen sendest.

Wunschbild: Zukunftsvision von dir selbst
Wie du dich und wie dein Partner dich in Zukunft sehen[1].

---

[1]Im Originalmodell von Luft und Ingham ist *Wunschbild* der Quadrant *Unbekannt*: Was weder dir noch anderen bekannt ist.

	Dir bekannt	Dir unbekannt
Dem Partner bekannt	**Öffentlich** *Deine Wirkung auf deinen Partner*	**Blinder Fleck** *Das, was dein Partner von dir wahrnimmt, du dagegen nicht*
Dem Partner unbekannt	**Geheim** *Dein Innenleben*	**Wunschbild** *Zukunftsvision von dir selbst*

Das Ziel der Übung ist zu lernen authentisch, offen und ehrlich über sich und seine Gefühle zu sprechen. Es geht darum, zu seinen Eigenschaften zu stehen und sich zu trauen seine Bedürfnisse einzufordern. Bezogen auf die Übung bedeutet das, den öffentlichen Teil zu vergrößern und den geheimen Teil und den blinden Fleck zu verkleinern. Authentisch heißt, im Einklang mit sich zu sein und sich anzunehmen. Unserer Meinung nach gibt es keine Schwächen, die man verstecken muss, sondern Entwicklungspotentiale, zu denen man stehen darf.

Ein Beispiel: Antoine ist Arzt und kommt abends meist ausgelaugt in die gemeinsame Wohnung mit seiner Freundin Helene. Er braucht oft Ruhe, um wieder Kraft zu tanken. Helene dagegen ist gesellig und lädt oft Freunde zum Essen und Trinken ein. Antoine traut sich nicht sein Bedürfnis nach Ruhe und Alleinsein einzufordern, aus Sorge von den anderen bewertet zu werden. Er zwingt sich daher, angestrengte Gespräche zu führen oder versucht sich heimlich im Schlafzimmer zu verstecken. Dies bleibt von den anderen nicht unbemerkt und sorgt für Verwirrung. Er hält seine Bedürfnisse im Geheimen, er wird von den anderen als Einzelgänger wahrgenommen. Eine Lösung für Antoine wäre, den Freunden offen und ehrlich zu gestehen, dass er gerade keine Kraft mehr für anregende Gespräche erübrigen kann und sich lieber erst einmal zurückziehen möchte. Durch diese Ehrlichkeit sind seine Freunde gerührt, drücken ihr Verständnis aus und versichern ihm, dass sie kein Problem damit haben und sie sich auf das nächste Treffen mit ihm freuen. Er hat durch seine Selbstoffenbarung den geheimen Teil verkleinert und den öffentlichen Teil vergrößert. Durch das positive

Feedback ist er zusätzlich achtsamer geworden und hat den blinden Fleck verkleinert.

Übungsteil:

1. Jeder Partner zeichnet das Fenster ab.
2. Lies die Adjektivliste durch und füge jeweils mindestens fünf Adjektive, die auf dich zutreffen, in deinem Fenster zu den Quadranten „Geheim“ und „Wunschbild“ hinzu. Dein Partner macht dasselbe mit seinem Fenster. Gern können auch eigene Adjektive verwendet werden.
3. Tauscht eure Fenster und füllt die Bereiche „Öffentlich“ und „Blinder Fleck“ für den Partner aus.
4. Ihr tauscht wieder und besprecht die Ergebnisse. Erklärt mit handlungsbezogenen Beispielen, warum ihr welche Adjektive für den Partner verwendet habt. Wo könnt ihr eurem Partner zustimmen und wo habt ihr diesbezüglich Schwierigkeiten? Woran würdest du merken, dass du dein Wunschbild erreicht hast?
5. Welcher Teil der Übung ging euch mühelos von der Hand, was ist euch schwergefallen? Was ist neu für euch und was wusstet ihr bereits?

Aufmerksam	Abenteuerlustig	Affektiert
Angeberisch	Aufbrausend	Arrogant
Aufmerksamkeits-bedürftig	Ausgeglichen	Authentisch

Ängstlich	Anpassungsfähig	Aggressiv
Angespannt	Bescheiden	Beeinflussbar
Begeisterungs-fähig	Belastbar	Bemutternd
Bodenständig	Besitzergreifend	Besserwisserisch
Besorgt	Bevormundend	Bestimmend
Chaotisch	Cholerisch	Charmant
Dankbar	Dickköpfig	Diplomatisch
Distanziert	Dünnhäutig	Egoistisch
Ehrlich	Eitel	Eloquent
Eloquent	Emotional	Energiegeladen
Entscheidungs-freudig	Entspannt	Extrovertiert
Ernst	Exzentrisch	Freundlich
Fürsorglich	Familiär	Faul
Flatterhaft	Fordernd	Frech
Fleißig	Friedlich	Fröhlich
Geduldig	Glücklich	Gastfreundlich
Geheimnisvoll	Großzügig	Genießerisch
Hilfsbereit	Harmoniebedürftig	Hektisch
Herzlich	Hysterisch	Intelligent
Introvertiert	Inspirierend	Idealistisch
Impulsiv	Ironisch	Intolerant
Intuitiv	Kindisch	Kommunikativ
Konservativ	Kritisch	Kreativ
Kultiviert	Liebevoll	Leichtgläubig

Mutig	Nervös	Naturverbunden
Neidisch	Neugierig	Nachdenklich
Oberflächlich	Offen	Organisiert

Raum für Notizen:

Reflexion

Believe IT, Teil 1 - Die menschliche Software

(Einzelübung)

„Glaubt nicht dem Hörensagen und heiligen Überlieferungen, nicht Vermutungen oder eingewurzelten Anschauungen, auch nicht den Worten eines verehrten Meisters; sondern was ihr selbst gründlich geprüft und als euch selbst und anderen zum Wohle dienend erkannt habt, das nehmt an."
- Siddhartha Gautama, Buddha

Bei dieser elementaren Übung geht es darum, Blockaden zu entdecken und zu überwinden. Dir wird das nötige Wissen vermittelt, um die Energie für deine Entwicklung zu finden und zielgerichtet einzusetzen. Dazu solltest du herausfinden, nach welchen Regeln dein Erleben und Verhalten funktioniert. Diese Regeln sind metaphorisch betrachtet unsere menschliche Software, die im Folgenden *Glaubenssätze* genannt werden.

Glaubenssätze sind Werte, Einstellungen und Überzeugungen, die wir als Realität empfinden und die, oft unbewusst, das eigene Handeln leiten und uns ein Gefühl von Sicherheit geben. Welche Glaubenssätze du bildest, kann beispielsweise durch Kultur, Lernen, Erfahrungen und einschneidende Erlebnisse beeinflusst werden. Dies geschieht meist automatisch ohne dein bewusstes Zutun, da es ein natürlicher und energieschonender Mechanismus des Gehirns ist, die Welt in Kategorien einzuteilen. Mutmaßlich entwickelte sich dieser Mechanismus, um Gefahrensituationen rasch als solche zu erkennen, damit das eigene Überleben durch eine sofortige Reaktion gesichert werden konnte.

Wenn einmal ein Glaubenssatz, wie „Ich bin nicht liebenswert" gebildet wurde, bleibt dieser meist fest verankert, bis er bewusst und dadurch veränderbar gemacht wird. Die Wahrnehmung wird dabei von den Glaubenssätzen beeinflusst, indem die Welt derart interpretiert wird, dass die Glaubenssätze bestätigt werden. Dies wird *selbsterfüllende Prophezeiung* genannt. Glaubenssätze können uns im Weg stehen, da sie eine mögliche Sichtweise statt der Wahrheit darstellen. In Bezug auf Glaubenssätze lässt sich das Konzept *„Kill your darlings"* gut einsetzen: Finde heraus, welche Glaubenssätze dich weiterbringen oder hindern und eliminiere Letztere.

In zwei psychologischen Studien aus dem Jahre 2006 (4) wurden über 200 Studentinnen Forschungsberichte mit unechten Daten vorgelegt, welche die Behauptung aufgestellt haben, dass Männer um fünf Prozentpunkte besser in Mathematik seien als Frauen. Die Studentinnen wurden unterteilt in zwei Gruppen, wobei einer Gruppe mitgeteilt wurde, dass die Unterschiede der mathematischen Leistung auf genetischen Veranlagungen zurückzuführen seien und der anderen Gruppe, dass diese Unterschiede auf Stereotype und Klischees in Schulen zurückzuführen seien. In den anschließenden Mathetests schnitt die erste Gruppe, der die unveränderbare genetische Grundlage kommuniziert wurde, signifikant schlechter ab als die zweite Gruppe.

Hier vier alltägliche Beispiele aus der Beratung, um das Ganze greifbarer zu machen:

Es fängt bereits mit simplen Sprichwörtern an: *„Ein Indianer kennt keinen Schmerz".* Kindern, allen voran Jungen, wird es dadurch schwerer gemacht, echte Gefühle zu zeigen. Diesen Satz sagt auch die liebevolle Omi gern, um zu trösten, mit gravierenden Folgen für die Kinder, da ein Bild vermittelt wird von Jungen, die nicht weinen sollen. Gelernt werden erlaubte und nicht erlaubte Gefühle, um anderen Menschen zu gefallen. Außerdem hat dies einen Einfluss auf die Wahrnehmung von Gefühlen anderer sowie auf die Fähigkeit der Stressbewältigung von Kindern. Wenn sie ihre Gefühle ablehnen und unterdrücken, fällt es schwer adäquat lernen mit ihnen umzugehen.

„Ich bin beziehungsunfähig". Ein paar negative Erfahrungen in Beziehungen reichen für manche Menschen aus, um sich die Fähigkeit abzusprechen, glückliche Beziehungen zu führen.

„Ich konnte noch nie gut lernen". Unangenehme Erfahrungen in der Schule haben viele gemacht. Mittelmäßige bis schlechte Noten sind jedoch kein Zeugnis dafür, dass man ungeeignet fürs Lernen ist. Es sagt einzig aus, dass man noch nicht gelernt hat, wie das eigene Lernen funktioniert.

„Ich bin ein Pechvogel" vs. *„Ich bin ein Glückspilz"*. An dieser Gegenüberstellung wird die unterschiedliche Wahrnehmung zweier „Persönlichkeiten" verdeutlicht. Glaubenssätze prägen die gesamte Interpretation von Lebensereignissen. Pechvögel ziehen „Unglück" förmlich an, weil ihnen an vielen Situationen der negative Aspekt stark auffällt und der positive Anteil für sie weniger Gewicht hat. Glückspilze schaffen es dagegen, nicht nur die positiven Teile der Situation stärker zu gewichten, sondern sehen oft auch die negativen in einem positiven Licht. Sieh dir dazu auch die Übung *„Kein Schaden ohne Nutzen"* an. Für diesen Glaubenssatz reicht es aus, wenn man in der Kindheit

öfter von Erwachsenen „Pechvogel" oder „Glückspilz" genannt wurde.

Übungsteil:

Deine negativen Glaubenssätze kannst du mit der folgenden Übung hinterfragen. Erinnere dich an eine Situation, in der du etwas nicht getan hast, was du wolltest. Beispielsweise hast du ein Jobangebot nicht angenommen, obwohl der Job verlockend klang oder du hast jemanden nicht angesprochen, den du ansprechend gefunden hast. Überlege dir, was genau dein Gedankengang war und prüfe, ob sich dahinter eine Überzeugung oder Einstellung verbirgt. Hast du etwas gefunden, schreibe den Glaubenssatz, der dahinter steckt auf einen Zettel. Beispiele können sein: *„Für den Job bin ich nicht kompetent genug"* oder *„Ich bin nicht attraktiv"*.

1. Fällt dir eine Situation in der Vergangenheit ein, in der du den Glaubenssatz zum ersten Mal gebildet haben könntest?
2. In welchen Situationen beeinflusst dich dieser Glaubenssatz? Auf welche Weise?
3. Bist du dir sicher, dass dieser Glaubenssatz in all den bisherigen Situationen stimmte?
    a. Ja, ich bin mir sicher: Welche Beweise fallen dir dafür ein? Wer in deinem Umfeld teilt diesen Glaubenssatz?
    b. Nein, ich bin mir nicht sicher: Was lässt dich daran zweifeln, dass er richtig ist? Wer in deinem Umfeld widerspricht

diesem Glaubenssatz? Möchtest du ihn weiter behalten?

Raum für Notizen:

Reflexion

Believe IT, Teil 2 - Der Eifersuchtscode

(Partnerübung)

„Alles ist Gift,
ausschlaggebend ist nur die Menge."
– Paracelsus

In Beziehungen wird es oft aus Angst vor Konsequenzen vermieden, das Thema Eifersucht zu thematisieren und die Art der Beziehung zu klären, die man sich wünscht. Man greift lieber auf vorgelebte Modelle und gesellschaftliche Normen zurück, statt sich mit dem Partner darüber auseinanderzusetzen. Auch bei der Eifersucht beeinflusst die Menge die Wirkung. Ein wenig Eifersucht kann sogar belebend auf die Beziehung wirken, da tiefgreifendes Interesse am Partner ausgedrückt wird. Zu viel Eifersucht, in Form von Kontrolle, Abhängigkeit vom Partner oder gesteigerter Streitlust, kann der Beziehung Schaden zufügen. Die gute Nachricht: Wie viel Eifersucht für euch in Ordnung ist, legt ihr allein fest.
Evolutionär betrachtet ist Eifersucht durchaus sinnvoll, da der Partner und dessen sexuelle Treue geschützt werden soll. Um es simpel auszudrücken: Die wenigsten Männer wollen Kuckuckskinder großziehen, in dem Glauben, es wären ihre eigenen, sondern streben danach, die eigenen Gene weiterzugeben. Die Eifersucht der Frau verhindert, dass sich der Partner eine Neue sucht und sie die Kinder aus eigener Kraft erziehen muss. Eifersucht kann beiden Partnern dienen und führt idealerweise zu einer Win-Win-Situation.

Heutzutage ist das Überleben der Familie nicht mehr unmittelbar daran geknüpft, dass beide Partner vorhanden sind. Eifersucht ist als evolutionärer Vorteil nur noch selten gegeben. Immer da, wo ein Partner eine

Bedrohung der Beziehung oder seiner selbst sieht, entsteht Eifersucht.
Es werden verschiedenen Ausprägungen der Eifersucht unterschieden:

1. Leichte, das heißt gelegentlich und aushaltbar auftretende Eifersucht.
2. Mittlere Eifersucht mit wiederkehrenden, intensiven Phasen.
3. Intensive Eifersucht, die oft in Erscheinung tritt, als belastend erlebt wird und die Beziehung für einen oder beide Partner gefährdet.

Der Eifersucht liegt manchmal die Erfahrung aus der eigenen Kindheit zugrunde, dass man sich auf Bindungen, zum Beispiel zu den Eltern, nicht (immer) verlassen kann. Wenn die Eifersucht in deiner Beziehung als intensiv und schwer veränderbar erlebt wird, raten wir zu einer psychotherapeutischen Unterstützung zur Aufarbeitung der Erlebnisse.

Übungsteil:

Wir gehen davon aus, dass Eifersucht durch Glaubenssätze verinnerlicht wurde. Die Übung hilft euch dabei Glaubenssätze gemeinsam zum Vorschein zu bringen und zu besprechen. Diskutiert gemeinsam die folgenden Fragen:

- Wie würdest du deine eigene Eifersucht generell beschreiben (z.B. leicht, mittel, intensiv)?
- Wie würdest du die Eifersucht deines Partners beschreiben (z.B. leicht, mittel, intensiv)?
- Was führt dazu, dass du eifersüchtig wirst?

- Was führt dazu, dass dein Partner eifersüchtig wird?
- Woran merkst du, wann und in welchen Ausmaßen sie deiner Beziehung guttut?
- Wann und in welchen Ausmaßen schadet sie deiner Beziehung?
- Was kannst du dazu beitragen, die Eifersucht zu kontrollieren?
- Was hilft dir in diesen Momenten dabei, die Eifersucht im Zaum zu halten?
- Was denkst du, wie es deinem Partner geht, wenn du eifersüchtig bist?
- Was denkst du, braucht dein Partner von dir, wenn er eifersüchtig ist?
- Was solltest du vermeiden, um die Situation nicht zu verschlimmern?
- Was sollte dein Partner tun, um die Situation nicht zu verschlimmern?
- Fehlt dir etwas in der Beziehung? Was brauchst du, damit du dich sicherer fühlst?

Tipp: Für den Fall, dass du oder dein Partner in der Übung eine Grenzüberschreitung empfindet und ihr Schwierigkeiten damit habt, eure Gefühle zu kontrollieren, kann es ratsam sein, eine Strategie zu vereinbaren, um aus der Situation zu kommen. Es kann beispielsweise sinnvoll sein, kurz an die frische Luft zu gehen.
Wenn es schwer für euch ist oder ihr euch unwohl dabei fühlt, sachlich über das Thema zu sprechen, könnt ihr mit den Kommunikationsregeln im Kapitel „Gut gesagt" beginnen.

Raum für Notizen:

Reflexion

Die Bucket List (Partnerübung)

"My bounty is as boundless as the sea,
My love as deep; the more I give to thee,
The more I have, for both are infinite."
- William Shakespeare

In einer Phase der fortgeschrittenen Vertrautheit haben viele Paare das Bedürfnis, aus dem Alltag auszubrechen, Neues auszuprobieren, Träume zu erfüllen oder sich einer gemeinsamen Aufgabe zu widmen. Oftmals geht dieses Bedürfnis in der Hektik des Alltags unter oder man findet nicht den richtigen Zeitpunkt, um sich darüber auszutauschen. Diese Übung hilft euch Wünsche und Bedürfnisse sichtbar zu machen, die eine Basis für mehr Zufriedenheit und ein erfülltes Leben sein können. Das können sowohl individuelle als auch gemeinsame Ziele sein. Gemeinsam eine Aufgabe zu meistern und Neues zu erleben schafft innige Verbundenheit, ermöglicht Hingabe, eine langfristige Perspektive und gibt der Beziehung Tiefe. Es kann ebenso als förderlich für die Beziehung erlebt werden, wenn jeder Partner seinen individuellen Wünschen nachgehen kann und das vom Anderen akzeptiert und unterstützt wird. Individuelles Wachstum bedeutet gemeinsames Wachstum. Nur wenn sich beide Partner in ihrem Tempo weiterentwickeln können und dürfen, kann die Beziehung wachsen.

Übungsteil:

1. Nehmt jeweils ein Blatt Papier und legt mit der Erstellung eurer Listen los. Inspiration für eure Ziele können beispielsweise persönliche oder berufliche Ambitionen, Reise- und Urlaubsorte,

Wünsche, Träume, Fantasien oder bloße Ideen bieten.

2. Geht die Listen gemeinsam durch. Welche Gemeinsamkeiten findet ihr? Vergiss nicht, Wertschätzung und Akzeptanz für die Ziele deines Partners zu zeigen.
3. Überlegt gemeinsam, wie ihr euch gegenseitig bei der Bearbeitung eurer Listen unterstützen könnt. Welche Ziele lassen sich miteinander verbinden? Wertschätzt auch Unterschiedlichkeiten und Ziele eures Partners, mit denen ihr nichts anfangen könnt.

Raum für Notizen:

Gesprächskultur

Eine Aussage, vier Bedeutungen

(Einzel- und Partnerübung)

„Sich selbst verstehen, heißt die Welt verstehen."
- Wilhelm Vogel

Die Übung unterstützt euch darin, sprachliche Missverständnisse aufzudecken, Konflikten vorzubeugen und euch auf die Feinheiten der Interpretation aufmerksam zu machen.
Ein Beispiel aus dem Alltag: Die Freundin kommt mit einem neuen Haarschnitt zu ihrem Freund, der erwähnt: *„Du siehst heute anders aus."* Die Freundin reagiert beleidigt: *„Du findest meine neue Frisur hässlich."*
Dieser kurze Dialog zeigt, wie unterschiedlich eine Aussage interpretiert werden kann. Kommunikation wird sowohl durch den Sender als auch den Empfänger beeinflusst. Der Sender prägt die Aussage beispielsweise durch den Kontext, in dem die Aussage getroffen wird, die Formulierung, die Lautstärke, Körpersprache und Betonung. Genauso interpretiert der Empfänger die Nachricht unter anderem durch vergangene Erfahrungen zu dem Thema, das Selbstbild und die emotionale Tagesform.
Eine Aussage bietet eine Menge Interpretationsspielraum, wodurch Missverständnisse entstehen können. Der Kommunikationspsychologe Friedemann Schulz von Thun entwarf in diesem Zusammenhang das „Kommunikationsquadrat" (5). Laut Schulz von Thun hat sowohl die gesendete Nachricht als auch die empfangene Nachricht vier Seiten. Daraus ergeben sich vier Möglichkeiten, die Nachricht zu äußern und vier Möglichkeiten, sie zu verstehen. Bei den Ebenen handelt es sich um die Inhaltsebene (was wortwörtlich gesagt wurde), die Selbstoffenbarungsebene (was der Sender mit der Nachricht über sich aussagt), die Beziehungsebene (wie

der Sender zum Empfänger steht) und die Aufforderungsebene (wozu der Sender den Empfänger veranlassen möchte).

Bezogen auf das Beispiel ergeben sich für die insgesamt acht Ebenen verschiedene Interpretationsmöglichkeiten.

Beim Sender kann die Aussage *„Du siehst heute anders aus"* zum Beispiel folgende vier Ebenen haben:

- *Inhalt:* Du siehst heute anders aus.
- *Selbstoffenbarung:* Ich bin überrascht, weil ich nicht wusste, dass du einen Friseurtermin hattest.

- *Beziehung:* Ich bin an deiner Veränderung interessiert.
- *Appell:* Ich will wissen, wann du beim Friseur warst?

Auf der Seite des Empfängers hat die Aussage auf den vier Ebenen beispielsweise so interpretiert werden:

- *Inhalt:* Du siehst heute anders aus.
- *Selbstoffenbarung:* Mir gefällt die Frisur nicht.
- *Beziehung:* Du hast keinen Geschmack.
- *Appell:* Lass dir eine andere Frisur schneiden.

Für ein Missverständnis kann ursächlich sein, dass sich der Sender auf der Inhaltsebene befindet, während der Empfänger das Gesagte auf der Beziehungsebene interpretiert. Es ist zwar nicht notwendig, jedes Wort auf die Goldwaage zu legen, jedoch können viele Missverständnisse verhindert werden, wenn man sich der verschiedenen Ebenen bewusst ist. Dies kann unsere Beziehungen, deren Grundlage die Kommunikation ist, grundlegend verbessern. In einer Beziehung sorgt der Fokus auf die Selbstoffenbarung für eine stimmige Kommunikation. Hierbei würde der Sender erklären, wie die Situation emotional auf ihn wirkt und der Empfänger, wie die Aussage auf ihn wirkt.
Zusätzlich erfolgen geschätzte 90 % der menschlichen Kommunikation über die Körpersprache, durch Haltung, Mimik und Gestik. Aufgrund dessen teilst du deinem Gegenüber mehr Informationen als nur durch deine Sprache mit. Auf diese Weise kannst du deine Aussagen durch Körpersprache positiv einrahmen. Des Weiteren kannst du deine Aussagen authentischer und verständlicher gestalten, indem du deinen Fokus auf die

Körpersprache lenkst. Genauso kannst du deine Körpersprache dazu einsetzen, dich selbst und deinen Partner zu ermutigen und zu würdigen. Eine einfache Geste kann darüber entscheiden, ob ein Gespräch konstruktiv verläuft oder nicht.

Übungsteil:

Überlegt anhand des Modells, wie ihr eure Kommunikation bestmöglich gestalten könnt und beachtet dabei die folgenden Hinweise:

Für den Sender der Nachricht:

- Stelle dir als Metapher vor, dass dein Partner und du unterschiedliche Sprachen sprechen. Wenn du beispielsweise einem Italiener etwas erklären möchtest, aber kein Italienisch sprichst, zählen hauptsächlich deine Körpersprache, der Tonfall, die Mimik und deren Übereinstimmung, damit die Botschaft beim Gegenüber positiv ankommt. Wenn der Inhalt nicht zur Mimik passt, ist das verwirrend. Ein genervter Gesichtsausdruck mit der Aussage „Klar, ich helfe gerne" wirkt beispielsweise widersprüchlich.
- Mache dir bewusst, welche Signale dein Partner benötigt, damit er die Nachricht so verstehen kann, wie du sie vermitteln willst. Achte daher auf deine Körpersprache.
- Um Botschaften verständlicher zu formulieren, ist es hilfreich, die Ebene der Selbstoffenbarung und den Appell bewusster zu formulieren. Was

möchtest du deinem Gegenüber mitteilen und was erwartest du daraufhin von ihm?

- *Präventiv* kann man mit den Übungen *„Gut gesagt"* und der *„VW-Technik"* lernen, Missverständnisse zu vermeiden. Man sollte sich darüber hinaus bewusst machen, dass Körpersprache (Intonation, Mimik, Gestik, Körperhaltung) der essenzielle Anteil des Kommunizierens ist. Die Übung *„Das freundliche Lächeln"* ist hier ein geeigneter Anfang.
- *Akut* sollte man Verantwortung für gesprochene und empfangene Botschaften übernehmen und eine gemeinsame Basis herstellen. Frage dich: *„Wie kann ich die Situation gerade zum Besten wenden?"*.

Für den Empfänger der Nachricht:

- Neugier vor Angriff!
- Nimm eine entspannte Haltung ein, setze dich zum Beispiel deinem Partner gegenüber.
- Wiederhole die Aussage des Partners so, wie du sie verstanden hast. Mache dir bewusst, dass es sich hierbei um deine Interpretation handelt.
- Benutze Ich-Botschaften und formuliere die Wirkung: „Ich fühle mich gerade …, weil ich ... verstanden habe."
- Stelle Rückfragen, um zu verstehen, wie dein Partner die Aussage gemeint hat.

Raum für Notizen:

Gesprächskultur

Die VW-Technik (Einzelübung)

„Man sieht oft etwas hundertmal,
tausendmal, bevor man es zum
allerersten Mal wirklich sieht"
- Christian Morgenstern

Diese Technik hat sich in einer Vielzahl von Beratungen bewährt, da sie mühelos umzusetzen ist und eine große Wirkung hat. Sie basiert auf den MiniMax-Interventionen nach Manfred Prior (7). Das „V" in der Übung steht für Vorwurf und das „W" für Wunsch. Die Idee ist, dass in jedem Vorwurf ein Wunsch enthalten ist. Beispiel: Statt dem Partner *„Du hast nie Zeit für mich!"* an den Kopf zu werfen, kann man umformulieren in *„Ich wünsche mir mehr Zeit mit dir."*
Denke dabei auch an die vier Ebenen der Botschaften (siehe *Eine Aussage, vier Bedeutungen*). Jede Aussage hat mehrere Interpretationsebenen. Die Reaktion des Partners kannst du mit deiner Formulierung beeinflussen. Du kannst deinem Partner einen Vorwurf machen, der eine Versöhnung erstmal ausschließt und als Einladung zum Streit aufgefasst werden kann oder den dahinter liegenden Wunsch herausfinden. Mit dieser Übung trainierst du den Einsatz der Methode zum richtigen Zeitpunkt.

Übungsteil:

1. Setze dich vor deinen Computer oder dein Smartphone.
2. Schreibe dir einen Vorwurf auf. Falls dir keiner einfällt, kannst du folgenden nehmen: *„Du machst nie etwas im Haushalt."*
3. Finde den Wunsch hinter der Aussage heraus und schreibe ihn auf. In dem vorgegebenen

Beispiel wäre das: *„Ich wünsche mir, dass du mich mehr im Haushalt unterstützt."*

4. Nimm jeweils eine Sprachnachricht oder ein Video von dir mit beiden Sätzen auf.
5. Versetze dich in die Position deines Partners und höre dir an, was du aufgenommen hast. Wie wirken die beiden Aussagen auf dich? Welche Unterschiede nimmst du wahr? Welche der Formulierungen wirkt positiver auf dich?
6. Setze die VW-Technik, so oft es möglich ist, in deinem Alltag um.

Raum für Notizen:

Gesprächskultur

Gut gesagt (Einzel- und Partnerübung)

„Die Natur erklären wir, das Seelenleben verstehen wir.“
- Wilhelm Dilthey

Effektive Kommunikation ist das A und O einer Beziehung und erlernbar. Damit ist nicht die Sprache gemeint, sondern die Art, sich miteinander zu verständigen. Für eine harmonische Kommunikation auf Augenhöhe reicht es oft aus, sich auf eine gemeinsame Basis zu verständigen. Diese kann beispielsweise aus folgenden Leitlinien bestehen [basierend auf den Mini Max Interventionen nach Manfred Prior (7)]:

1. **Unsere Gespräche werden in einer wertschätzenden Art und Weise geführt** und Abwertungen des Partners werden vermieden.
2. **Im Falle einer Meinungsverschiedenheit sprechen wir konjunktivisch** (*„Es könnte sein, dass…“*) statt diagnostizierend (*„Du bist...“*). Verschiedene Perspektiven dürfen nebeneinander existieren und Formulierungen, wie „Angenommen, du würdest XY machen, dann würde XY passieren“ helfen dabei Konsequenzen von Verhaltensweisen spielerisch zu erkunden. So wird jede Meinung, die anders als die eigene ist, als Einladung betrachtet, mehr als nur die eigene Perspektive zu sehen. Auf Wettbewerbe á la *„Wer hat die beste oder die richtige Idee?“* wird hier verzichtet.
3. **Wir nutzen konstruktive W-Fragen, die bei der Entscheidungsfindung unterstützen**: Wir verwenden „wie“, „was“ und „welche“ statt „ob“: „Welche Gedanken hast du dir zu XY gemacht?“, statt *„Ich frage mich, ob du dir*

Gedanken zu XY gemacht hast". *„Wann findest du den Mut XY zu tun?"*, statt, *„Ich frage mich, ob du den Mut hast XY zu tun?"* *„Was willst du tun, um XY zu schaffen?"*, statt *„Tust du etwas, um XY zu schaffen?"*.

4. **Wir nutzen positive Formulierungen** wie „stattdessen" und „sondern", die dabei helfen ein genaues Ziel zu finden, statt das aufzuführen, was man nicht will. *„Ich will nicht mehr so wütend werden"* wird ergänzt zu: *„Ich will nicht mehr so wütend werden und stattdessen öfter gelassen reagieren."*
5. **Wir heben Ausnahmen hervor**, statt Wörter wie „immer" und „nie" zu verwenden. „Er regt mich immer auf" wird zu „In Situation XY regt er mich auf".
6. **Wir finden Vergleiche und Metaphern**, die Potenziale freisetzen und neue Möglichkeiten eröffnen. In Bildern zu sprechen vermittelt oft mehr Informationen, als einen Sachverhalt in Worten zu erklären. Beispielsweise hat jeder Mensch eine unterschiedliche Auffassung von Liebe. Dementsprechend reden zwei Menschen über etwas anderes, wenn sie sich über Liebe unterhalten.
7. **Wir verlieren die Hoffnung nicht und bleiben zuversichtlich**. Hierbei verwenden wir positive Formulierungen, wie *„Hoffentlich finden wir bald einen Weg, miteinander zu reden"* statt „Hoffentlich werden die Streitereien nicht schlimmer".
8. **Wir erfragen Auswirkungen von Handlungen auf den Partner und vermeiden Diagnosen**, denn so bekommen wir aufschlussreiches

Feedback: *„Was macht das mit mir?“*, statt Diagnosen oder Vorwürfe.

Übungsteil:

Hier geht es darum, nach und nach eine harmonische Gesprächskultur zu entwickeln. Es ist schwierig alle Leitlinien auf einmal umsetzen, deswegen empfehlen wir euch jeweils drei Leitlinien für drei Tage herauszusuchen und diese in Alltagsgespräche zu integrieren.

Tipp: Vereinbart ein Stoppwort, das ihr benutzen könnt, wenn euch eine Diskussion zu viel wird. Es hilft vor allem bei zwei unterschiedlichen „Streitcharakteren“ Wege aus der Diskussion offenzulassen und die Beteiligten mit der Situation nicht zu überfordern. Merkt euch: ein Partner, der intensive Streitsituationen nicht aushalten kann, ist weder feige noch im Unrecht. Er nimmt die Situation lediglich anders wahr und wünscht sich potenziell einen anderen Rahmen, um seine Anliegen zu besprechen. Klärt untereinander, welche Strategien euch weiterbringen und welche euch behindern. Beispielsweise kann es erlaubt sein, fünf Minuten aus dem Raum zu gehen, wenn die Diskussion zu intensiv erlebt wird, um später wiederzukommen. Ihr übt damit, Absprachen zu treffen, die für das Vertrauen unabdingbar sind. Alles ist erlaubt, wenn ihr es gemeinsam abgesprochen habt.

Raum für Notizen:

Gesprächskultur

Die 5:1-Methode (Partnerübung)

„Positive Gedanken ziehen positive Gedanken an; negatives Denken verstrickt unweigerlich in die Negation des eigenen Daseins.“
- Prentice Mulford

Mit dieser konstruktiven Feedback-Methode lernt ihr, den Fokus auf das Positive und Wertschätzende zu lenken. Wichtig ist, gemeinsam ein Feedback-System zu entwickeln, das für euch beide funktioniert und das tut, was es soll: Euch in den Austausch darüber zu bringen, welche Verhaltensweisen einen positiven Beitrag zur Beziehung leisten und welche nicht. Selbst eine vermeintlich banale Aussage kann den Partner tief treffen. Fokussiert euch daher vor allem auf eure Bindung. Wir finden, dass Lernen in einem wohlwollenden und wertschätzenden Kontext entspannter ist und obendrein mehr Spaß macht. Erinnert euch: Euer Partner ist kein Boxsack, der sich erst dann bewegt, wenn man fest genug zuschlägt, sondern vielmehr ein Trainingspartner auf Augenhöhe. Mit ihm trainiert ihr, um gemeinsam stärker zu werden und, um euch gegenseitig zu zeigen, wo ihr euch entwickeln könnt. Das kann den entscheidenden Unterschied machen, ob Feedback als konstruktiv oder beleidigend aufgefasst wird.

Übungsteil:

Nennt jeweils einen Kritikpunkt am Verhalten eures Partners und darauffolgend fünf positive Verhaltensweisen. Geht jeweils auf die genaue Situation, das in der Situation gezeigte Verhalten und das Ergebnis des Verhaltens ein. Behaltet diese Vorgehensweise in der Zukunft bei.

Raum für Notizen:

Gesprächskultur

Zeit schenken (Partnerübung)

„Zuhören überzeugt mehr
als argumentieren.“
- Indisches Sprichwort

In dieser Kommunikationsübung wird eine der Fähigkeiten trainiert, die dich zu einem angenehmen Gesprächspartner machen: Zuhören.
Diese Übung ist für Paare geeignet, die sich gern ins Wort fallen, vor lauter Temperament gleichzeitig reden und den Punkt des Gegenübers dadurch nicht verstehen können. Ebenso passend ist die Übung für introvertierte Partner, die Stille benötigen, um ihre Gedanken klar formulieren zu können. Es geht darum, ein Gesprächs-Setting zu schaffen, bei dem man sich sicher sein kann, dass der Partner zugehört und verstanden hat. Für jeden Gesprächstyp bietet die Übung die Chance, Gedanken zu ordnen und dem Partner mitzuteilen. Ziel soll nicht sein, die ganze Zeit zu sprechen, damit sie ausgenutzt wird, sondern darum die Möglichkeit zu bieten, zu sagen, was man sagen möchte.

Übungsteil:

1. Erstellt eine Karte nach euren Vorstellungen, ähnlich einer Geburtstagskarte, mit einer einzigen Zahl (zum Beispiel drei Minuten) darauf. Diese Zahl ist ein Zeitgeschenk an euren Partner.
2. Der Partner darf seiner Kreativität freien Lauf lassen und erzählen oder machen, was er will. Auch Stille ist in Ordnung.
3. Schenke deinem Partner deine volle Aufmerksamkeit.
4. Bleibe still und kommentiere das Gesagte nicht.

5. Bedanke dich anschließend für seine Ehrlichkeit und Offenheit.

Raum für Notizen:

Paardynamik

Wünsch dir was (Partnerübung)

„Der Wunsch ist der Vater
des Gedankens"
- William Shakespeare

Diese Übung unterstützt euch dabei, eure Bedürfnisse im Alltag als Wünsche zu kommunizieren und deren Erfüllung mit eurem Partner zu besprechen. Im Fokus stehen die alltäglichen Bedürfnisse, die oftmals hintangestellt werden. Dazu zählt ebenfalls der Wunsch nach Hilfestellung, nach persönlichen Gefallen oder auch nach Dingen wie das gemeinsame Ansehen eines Kinofilms, der nur einem Partner gefällt. Es sorgt für ein wohltuendes Gefühl ab und an den eigenen Vorteil beiseitezustellen, damit der Partner eine tolle Zeit hat. Für gemeinsames Wachstum ist es notwendig, die Interessen des Partners wahrzunehmen und für ihn da zu sein.

Übungsteil:

1. Schreibt circa drei bis fünf Punkte zu der Frage auf: Welche alltäglichen Wünsche hast du an deinen Partner?
2. Lest euch die Wünsche abwechselnd vor.
3. Tauscht die Zettel und schreibt hinter jeden Punkt, ob ihr den jeweiligen Wunsch erfüllen könnt, und wechselt die Zettel erneut.
4. Was braucht ihr für die Erfüllung der einzelnen Wünsche? Wie könnt ihr dafür sorgen, dass die Wünsche real erfüllt werden?

Raum für Notizen:

Paardynamik

Das freundliche Lächeln (Einzelübung)

„Im Blick kommt die Seele ans Fenster"
- August Pauly

Speziell für das bewusste Training der Körpersprache eignet sich *„Das freundliche Lächeln"*, da wir durch unsere Mimik starke Gefühle wortlos ausdrücken können. Ebenfalls wichtig zu wissen ist, dass wir als soziale Wesen mit sogenannten Spiegelneuronen ausgestattet sind. Sie bilden ein Resonanzsystem, das uns hilft Gefühle anderer Menschen (mit-)zufühlen. Zusätzlich speichern wir Beobachtungsmuster ab, die uns signalisieren, was bestimmte Handlungen bedeuten. Damit sind Spiegelneuronen unter anderem für die Vorhersage von Handlungen anderer Menschen, und für das Miteinander allgemein, unerlässlich. Unsere Nervenzellen zeigen bei Beobachtung eines Vorganges die gleichen Aktivitätsmuster wie bei der eigenen Durchführung. In unserem Gehirn entsteht ein Spiegelbild dessen, was wir sehen oder hören. Die Körpersprache des Senders zu beobachten reicht dafür bereits aus. Umso wichtiger ist es daher, achtsam und bewusst zu kommunizieren, um eine Übertragung negativer Emotionen auf den Empfänger zu vermeiden. Umgekehrt kann durch eine positive Haltung beim Gegenüber eine erfolgversprechende Grundhaltung angestoßen werden, durch die das Gespräch eine wünschenswerte Veränderung erfahren kann. Nicht *umsonst heißt es „Lächle und die Welt lächelt zurück"*.

Ein lächelnder Blick signalisiert dem Gegenüber deine offene Haltung und strahlt Wärme, Interesse und Anerkennung aus. Das Gehirn reagiert auf die Muskelbewegung beim Lächeln und sendet Glückshormone aus, die deine Stimmung heben. Lächeln wirkt ansteckend auf Menschen: Viele werden zurücklächeln, dir wohlgesonnen begegnen und dir werden viele erfreuliche Dinge im Alltag auffallen, die du bisher nicht wahrgenommen hast.

Übungsteil:

Auch wenn die folgenden Schritte ungewöhnlich klingen mögen, haben sich folgende Tipps in der Praxis bewährt. Sie sind ebenso einfach wie effektiv. Nach einer Weile wirst du merken, dass du häufiger lächelst und dein Partner positiv darauf reagiert.

1. Schenke deinem Partner *jetzt* ein Lächeln.
2. Werde dir morgens vor dem Frühstück deiner Körpersprache bewusst, indem du dich im Spiegelbild anlächelst.
3. Lächle, wenn dich dein Partner oder eine andere Person ansieht.
4. Schenke deinem Partner bei jedem gemeinsamen Aufstehen und Zubettgehen ein Lächeln.

Raum für Notizen:

Paardynamik

Dampf ablassen (Partnerübung)

„Die Kunst der Lebensführung besteht bekanntlich darin, mit gerade so viel Dampf zu fahren, wie gerade da ist."
– Theodor Fontane

Fühlen ist menschlich. Der Mensch verfügt über eine Vielzahl an Emotionen, die ihm bei der Bewältigung seines Alltags dienlich sein sollen. Gefühle wie Wut, Zorn und Enttäuschung, mit denen man Negatives verbindet und die man oft zu unterdrücken versucht, sind menschlich und sollten ausgelebt werden können. Andernfalls stauen sich diese Gefühle über die Zeit an und belasten das Zusammenleben.
Meistens bekommt der Partner diese Gefühle ungefragt ab, abends nach der Arbeit, während des Essens oder beim Fernsehabend. Da gehören sie nicht hin. Verständlicherweise hat man den Anspruch, seinem Liebsten Aufmerksamkeit und Mitgefühl zu schenken, aber manchmal ist man ausgelaugt von seinem Tag und kann keine miese Stimmung mehr ertragen. Eine Möglichkeit, das Ausleben dieser Gefühle auf natürliche Weise zu kultivieren und in euren Alltag zu integrieren ist, Gelegenheiten zum gemeinsamen Schimpfen zu vereinbaren. Der Erfahrung nach vereinbaren das Paare eher spontan am Tag. Im Fokus steht das Einverständnis beider, sich darauf einzulassen. Dadurch sind beide Partner für den Sturm gewappnet und können nach Lust und Laune Dampf ablassen über Dinge und Personen, die sie in Rage versetzen. Was dabei ausgezeichnet wirkt, ist, wenn beide Partner gleichermaßen mitmachen und auf das sogenannte *„Weichspülen"* der Gefühle verzichten. Niemand hört sich gerne an, dass es „doch bestimmt gar nicht so schlimm" war und man sich zu sehr aufregt. Zeigt stattdessen Empathie und schimpft

mit eurem Partner über die vielen kleinen Ungerechtigkeiten des Lebens. Das verbindet und stärkt das Gefühl der Loyalität zwischen euch, was als sehr befreiend empfunden werden kann. Auch bei dieser Übung empfiehlt sich eine genaue Absprache bezüglich eurer Bedürfnisse.

Übungsteil:

Ihr könnt das Gelesene gerne gleich umsetzen. Falls ihr in diesem Moment keinen Bedarf habt, Dampf abzulassen, könnt ihr euch präventiv zu den Rahmenbedingungen unterhalten:

- Wie oft kommt es vor, dass du das Bedürfnis hast, Dampf abzulassen?
- Wie willst du solche Gespräche führen?
- Ist es dir spontan oder mit Planung lieber?
- Wie lange dürfen solche Gespräche sein?
- Welche Absprachen brauchst du im Vorhinein?
- Wie machst du bemerkbar, dass du aufhören möchtest?

<u>Raum für Notizen:</u>

Paardynamik

Die Vögel des Aristophanes (Partnerübung)

„Willst du gewinnen,
so sende die Scham fort."
- Orientalisches Sprichwort

Die Dynamiken einer langfristigen Beziehung und des Sexuallebens scheinen sich auf den ersten Blick zu widersprechen. Wogegen in der Liebesbeziehung Werte wie Vertrautheit, Verlässlichkeit, Stabilität und Sicherheit im Vordergrund stehen, geht es bei der Lust um Spannung, Leidenschaft, das Neue, Risiko und Abenteuer. Erst auf den zweiten Blick fällt auf, dass der Reichtum an Vielfalt und Abwechslung in langfristige Beziehungen gefördert werden kann, wenn sich die Partner über ihre Bedürfnisse austauschen. Es können verschiedene Gefühle im Bett geteilt werden, von wild bis romantisch, unaufgeregt bis überwältigend, die das Sexleben erst erfüllend machen. One-Night-Stands können zwar als sehr befriedigend erlebt werden, laufen jedoch oft nach ähnlichen Mustern ab, da die emotionale Tiefe und Verbundenheit fehlen.
Ziel ist es daher, sich seinen Bedürfnissen zuzuwenden, die Scham zu überwinden und seine sexuellen Wünsche zu kommunizieren. Intimität ist für viele die Voraussetzung, um sexuelle Fantasien anzusprechen und auszuleben. Dabei gibt es mehrere persönliche Faktoren, die die Partner mit einbeziehen können, wie erotische Erfahrungen, Fantasien und Fertigkeiten im Bett. Humor lockert die Stimmung auf und Lachen im Bett ist erwünscht, wenn beide dabei beachten, sich nicht auf Kosten des Partners zu amüsieren.

Übungsteil:

Haltet es einfach und locker:

1. Tauscht peinliche, amüsante und angenehme sexuelle Erfahrungen aus eurem Leben aus.
2. Beschreibt jeweils ein ideales, sexuelles Szenario.

Raum für Notizen:

Paardynamik

Die Zufriedenheitsformel (Einzelübung)

„Die Zufriedenheit bereitet
dem Glück ein Zuhause.“
- Gudrun Zydek

Für eine gesunde Beziehung können nur Menschen sorgen, die grundsätzlich mit sich und ihrem Leben zufrieden sind. Das bedeutet, dass neben dem „Wir“ auch ein „Ich“ und ein „Du“ existieren darf, zum Beispiel durch eigene Hobbys, Freunde oder Freizeit. Wenn ihr möchtet, könnt ihr diese Dinge als Paar teilen. Wichtig ist, dass du dein Wohlbefinden nicht von deinem Partner abhängig machst und ihr unabhängig voneinander für eure jeweilige Zufriedenheit sorgen könnt. Es ist ein Unterschied, ob du deinen Partner brauchst oder liebst. Brauchen führt dazu, dass dein Selbstwert vom Partner abhängig ist und du ihm alles recht machen möchtest, weil du Angst hast, ihn zu verlieren. Liebe dagegen bedeutet Eigenständigkeit. Du definierst deinen Selbstwert nicht über deinen Partner und triffst die Entscheidung für deinen Partner bewusst.

Übungsteil:

Folgende Fragen können dich dabei unterstützen, deine Zufriedenheitsformel zu finden:

- Wie kann ich im Alltag dafür sorgen, dass ich mich wohlfühle?
- Was macht mich glücklich?
- Wie viel davon brauche ich am Tag mindestens, damit es mir definitiv gut geht?
- Was hilft, wenn ich mich unwohl fühle? Was kann ich tun, damit es mir besser geht?

- Was hat mir in der Vergangenheit Freude bereitet, das ich gerne wieder öfter machen würde?
- Gibt es etwas, womit ich anfangen möchte? Was brauche ich dazu?

Raum für Notizen:

Streitkultur

Tabula rasa (Partnerübung)

„Ich brauche keine Bücher zu lesen, um zu wissen, dass das Grundthema unseres Lebens Konflikt ist."
- Charlie Chaplin

Ungelöste Konflikte in der Partnerschaft ziehen Unmengen Energie. Dagegen wirkt der konstruktive Umgang mit Unterschieden belebend und stärkend auf die Beziehung. Oftmals entstehen Dauerstreits und „emotionale Altlasten", wenn jeder Partner auf seiner unterschiedlichen Meinung beharrt und partout nicht davon abweichen will. Dabei kann es sich um Banalitäten im Alltag, Normen, Werte oder politische Ansichten handeln. Es gestaltet sich dann aussichtslos, hier eine Einigung zu finden, da es um mehr geht als darum, wer Recht hat. Oft scheinen sich Diskussionen vielmehr darum zu drehen, dafür zu sorgen, dass der Partner kein Recht bekommt.
In solchen Fällen helfen ein Waffenstillstand und die Einigung darüber, dass ihr euch nicht einig seid. Stellt euch vor, jede Uneinigkeit würde konstant auf den Esstisch gelegt. Irgendwann wäre darauf kein Platz mehr für das Wesentliche: Essen. Genauso verhält es sich mit der Liebe in der Partnerschaft, die unter dem Kampf um unterschiedliche Ansichten langsam begraben wird.
Wir empfehlen euch, die Themen, bei denen ihr keine Einigung erzielen könnt, auf einen Zettel zu schreiben. Eure Unterschrift besiegelt die Einigung darüber, diese Themen „ruhen" zu lassen, bis ihr sie zu einem passenden Zeitpunkt zur Lösung aus der Schublade holen könnt. Manchmal ist die Zeit dafür erst später reif.

Übungsteil:

1. Schreibt gemeinsam Punkte auf, bei denen ihr bisher keine Einigung gefunden habt.
2. Besiegelt mit eurer Unterschrift, dass die Themen bis zur Lösung in der Schublade bleiben und bis dahin nicht hervorgeholt werden.
3. Gönnt euch etwas Schönes, bei dem ihr Kraft tanken könnt.

Raum für Notizen:

Streitkultur

Believe IT, Teil 3: Richtig streiten lernen (Partnerübung)

„Streit in der Liebe ist
Erneuerung in der Liebe.“
- Terenz

Streit entsteht oft, weil Glaubenssätze im Unbewussten wirken und von den Partnern nicht angesprochen werden. Viele Paare kennen ihre Glaubenssätze in der Beziehung nicht, wodurch Diskussionen zu Einbahnstraßen werden können.
Diese Übung kann sowohl in konfliktorientierten, temperamentvollen Beziehungen als auch in konfliktvermeidenden Beziehungen, in denen es ruhiger zugeht, angewendet werden. Ziel ist es, die Karten offen auf den Tisch zu legen, damit ein Umgang mit unterschiedlichen Meinungen auf Augenhöhe stattfinden kann. Ihr solltet dies trotz allem nicht zum Anlass nehmen, die Aussagen des Partners moralisch zu beurteilen oder Meinungen gegeneinander aufzuwiegen. Die Übung regt euch dazu an, respektvoll euren Standpunkt zu vertreten und den Standpunkt des Partners zu würdigen, auch wenn er sich deutlich vom eigenen unterscheidet. Unterschiedliche Meinungen sorgen oft für angeregte und emotionale Diskussionen, die Grundsätze zum Wanken bringen können. Beachtet dazu die Leitlinien von *„Gut gesagt“* bevor ihr die Übung startet. Signalisiert euch ebenfalls zwischendurch, dass ihr euch liebt, wenn ihr unterschiedlicher Meinung seid. Sobald ein konstruktiver Austausch über diese Themen realisierbar ist, werdet ihr ebenso über andere fundamentale Themen diskutieren können.

Übungsteil:

Lest euch abwechselnd die folgenden Glaubenssätze (8) durch. Teilt eurem Partner jeweils mit, was ihr von den Aussagen haltet und legt eure Erfahrungen dazu dar.

1. „Mein Partner soll auch mein bester Freund sein."
2. „Je leidenschaftlicher die Liebe, desto glücklicher die Beziehung."
3. „Affären zerstören jede Partnerschaft."
4. „Partner haben keine Geheimnisse voreinander."
5. „Ein Paar sollte alles gemeinsam tun."
6. „Für eine gute Beziehung muss man sich ständig anstrengen."
7. „In einer glücklichen Beziehung schenkt man sich einander grenzenloses Vertrauen."
8. „Ich muss meinen Partner glücklich machen."
9. „Erst zusammen kann man sich richtig gehen lassen."
10. „Alles ist gerettet, wenn wir ein Kind bekommen."
11. „In einer echten Partnerschaft wird alle Arbeit geteilt."
12. „Wer mich wirklich liebt, versteht mich auch ohne Worte."
13. „Lieber eine unglückliche Ehe als eine zerrüttete Familie."
14. „Seine Karriere ist wichtiger als ihr Beruf."
15. „Will der Partner sich trennen, muss man mit allen Mitteln um ihn kämpfen."
16. „Erloschene Liebe lässt sich wieder neu entfachen."
17. „Konkurrenz zwischen den Partnern belebt die Beziehung."
18. „Leben wir erstmal zusammen, wird sich mein Partner ändern."

19. „Gegensätze ziehen sich an.“
20. „Beziehungsprobleme soll man nicht nach außen tragen.“
21. „Kein Sex, wenn man sich streitet.“
22. „Es ist besser, etwas, das mich beunruhigt, für mich zu behalten, als dadurch unnötige Probleme in unserer Beziehung zu verursachen.“
23. „Die Bedürfnisse meines Partners sind mir wichtiger als meine eigenen.“
24. „Wenn man sich liebt, sollte Sex jedes Mal besser werden.“

Raum für Notizen:

Streitkultur

Die Kunst, die richtigen Fragen zu stellen

(Partnerübung)

„Dem guten Frager ist
schon halb geantwortet."
- Friedrich Nietzsche

Das Ziel dieser Übung ist die Entwicklung neuer Lösungsansätze für eine Vielzahl von Situationen. Vor allem eignet sich die Methode, um frühzeitig aus Konflikten auszutreten oder, um den Streit in eine konstruktive Richtung zu lenken. Der Ansatz basiert auf der simplen und effektiven Technik, zum geeigneten Zeitpunkt die richtigen Fragen zu stellen. Eine Frage signalisiert generell Neugier, Offenheit und den Wunsch nach einem Austausch auf Augenhöhe. Passend formuliert, kannst du deinem Partner gegenüber mit einer einzigen Frage deine Wertschätzung, deinen Respekt und deine Motivation zur Lösung eines Problems ausdrücken. Es handelt sich um eine Strategie, mit der man komplett aus dem Streitkreislauf ausbricht, um dem Partner mit einem Angebot entgegenzukommen. Essenziell sind dabei ein wohlwollender Tonfall und eine offene Mimik. Stimmt die Körpersprache nicht mit der Aussage überein, können die Fragen nach hinten losgehen.

Übungsteil:

Akut:
Fragen, die sich in der Beratungspraxis bewährt haben und während des Streits gestellt werden können:

- *„Was brauchst du jetzt von mir?"*
- *„Wie kann ich dazu beitragen, die Situation besser zu machen?"*
- *„Was sollte ich gerade auf gar keinen Fall tun?"*

Präventiv:
Fragen, die es generell in der Beziehung zu klären gibt:

- *„Was brauchst du von deinem Partner, wenn ihr streitet, damit es dir besser geht?"*
- *„Welche Verhaltensweisen deines Partners machen dich richtig wütend?"*
- *„Welche vergangenen Erfahrungen verbindest du mit dem Wutgefühl?"*

Raum für Notizen:

Streitkultur

Beziehung vs. Bedrückung (Partnerübung)

„An einem kleinen Muster können wir oft das ganze Stück beurteilen.“
- Miguel de Cervantes Saavedra

Beziehungen halten oft als Projektionsfläche für unerfüllte Bedürfnisse aus der Kindheit her. Das Wortspiel *„Beziehung vs. Bedrückung“* soll als Metapher dafür dienen, dass manche Erfahrungen aus dem eigenen Elternhaus als förderlich und manche als hinderlich für die Partnerschaft empfunden werden. Der Gedanke dahinter ist, dass du dich deinem Partner besser öffnen kannst, wenn du weißt, weshalb du wie empfindest und dich verhältst, und was deine Vergangenheit damit zu tun hat.

Übungsteil:

Ihr seid herzlich dazu eingeladen, euch zu den folgenden Fragen Gedanken zu machen und miteinander zu diskutieren. Die Leitlinien von *„Gut gesagt“* sind hier von Vorteil.

- Wie würdest du deine Familie beschreiben?
- Wie würdest du die Beziehung deiner Eltern beschreiben?
- Welche Ereignisse in deiner Familie haben dich im Besonderen geprägt?
- Wer waren deine Vorbilder in oder außerhalb der Familie? Wer fungiert aktuell als dein Vorbild?
- Welche Werte hast du von deinen Eltern übernommen?
- Welches Frauen- und Männerbild wurde dir zu Hause vorgelebt?

- Welches Beziehungsmodell wurden dir vorgelebt?
- Welches traumatische Erlebnis aus deiner Kindheit gibt es?
- Welches schöne Erlebnis aus deiner Kindheit gibt es, aus dem du jetzt Kraft ziehst?
- Wie wurden Emotionen in deiner Familie gezeigt?
- Welche Emotionen durftest du zeigen und welche nicht?
- Was willst du anders als deine Eltern machen? Was machst du bereits anders?
- Was hast du Positives aus der Beziehung deiner Eltern gelernt?
- Welche Verhaltensweisen deiner Eltern empfindest du aktuell als Last für eure Beziehung?
- Welche Verhaltensweisen empfindest du aktuell als Bereicherung für eure Beziehung?
- Was hat dein Partner gelernt, was du noch nicht gelernt hast? Was kannst du von ihm und seiner Familie lernen?

Raum für Notizen:

Streitkultur

Kein Schaden ohne Nutzen (Partnerübung)

„In den Wäldern drüben, tief unter
der Last des Schnees, ist letzte Nacht
ein Pflaumenzweig erblüht"
- Japanischer Vers

Diese effektive Übung hilft euch negative Denkmuster zu durchbrechen und für euch und eure Beziehung zu nutzen. Ziel ist es, zu lernen, besser mit negativen Situationen und Erfahrungen umzugehen. Durch eine auf Ressourcen fokussierte Herangehensweise kann eine neue Gelassenheit erreicht werden, die besonders in Konflikten wertvoll ist.

Beim Kintsugi (金継ぎ), einer traditionellen japanischen Methode zur Reparatur von Keramik, werden Bruchstücke mit einem speziellen Lack, in den pulverisiertes Gold oder andere Edelmetalle eingestreut werden, wieder zusammengefügt. Risse und abgesprungene Teile werden durch diese Methode veredelt. In anderen Worten wird aus einem kaputten Gegenstand ein Wertgegenstand kreiert. Je öfter Teekannen, Teller oder andere Gegenstände mit dieser Methode repariert werden, desto auserlesener werden sie. Kintsugi-Keramik wird zu bemerkenswert hohen Preisen gehandelt.

Ähnlich können Beziehungen in gewissen Rahmen von Problemen und Auseinandersetzungen profitieren und wachsen. Konflikte und eine ehrliche Fehlerkultur sind Teil jeder resilienten Beziehung, die stressigen Phasen standhalten kann. Krisen, Stress und negative Erfahrungen sorgen zunächst für eine Imbalance im Leben. Resilienz beschreibt die Fähigkeit, diese Balance wiederherzustellen. Sie ist erlernbar und kann in Krisen geübt werden.

Übungsteil:

1. Sucht euch jeweils drei Situationen im Leben aus, die euch damals wie schwer zu überwindende Hindernisse und/oder große emotionale Belastungen vorgekommen sind.
2. Sprecht darüber, wie ihr es geschafft habt, diese Situationen zu bewältigen. Legt euren Fokus in erster Linie auf die Fähigkeiten, Einstellungen und Kompetenzen, die ihr dadurch erlernt habt.

Raum für Notizen:

Rituale

Mit dem richtigen Fuß aufstehen (Partnerübung)

„Der Morgen und der Abend
sind die Stunden der Seele."
- Elmar Kupke

Stell dir vor, du freust dich jeden Abend auf den nächsten Morgen. Du hast morgens keinen Stress, sondern beginnst den Tag entspannt mit einem Morgenritual deiner Wahl. Der ganze Tag kann dadurch positiv beeinflusst werden, wenn du dir morgens mehr Zeit für dich und die Beziehung nimmst. Dabei stehen dir drei Optionen zur Auswahl:

1. Du kannst ein gemeinsames Ritual mit deinem Partner vollziehen,
2. den Morgen für dich gestalten oder
3. eine Mischung aus beidem.

Schau darauf, was dir und euch in der Vergangenheit gutgetan hat oder findet etwas Neues, wie zum Beispiel ein bisschen länger im Bett zu bleiben und kuscheln, ein Morgengetränk ans Bett, ein ausgefallenes Frühstück, Musik zum Aufstehen, eine kurze Massage oder den Tagesablauf und erfreuliche Erlebnisse zu planen. Das Ritual muss dabei nicht jedes Mal gleich bleiben, sondern kann gern abgewechselt werden. Wichtig dabei ist, sich die Zeit dafür zu nehmen, den Tag mit Freude und Dankbarkeit zu starten.

Übungsteil:

Beantwortet die folgenden Fragen:

- Welche der drei Optionen passt am besten zu euch?

- Wie viel Zeit möchtet ihr euch morgens jeweils für euch und den Partner nehmen?
- Was wirkt auf dich wohltuend?
- Was wirkt auf deinen Partner wohltuend?
- Wie sieht der bestmögliche Kompromiss aus?

Raum für Notizen:

Rituale

Traumtag (Partnerübung)

„Geben macht das Leben liebevoller."
- Oscar Wilde

Beziehungen bestehen aus einer ausgewogenen Balance von Geben und Nehmen in Form vieler kleiner Aufmerksamkeiten. Zärtlichkeit zählt zu den bedeutsamsten Formen der Liebe, die regelmäßig Raum in der Beziehung haben sollte. Zärtlichkeit schenken und damit beschenkt werden kann Freude bereiten, da die Gefühle der Liebe, Geborgenheit und Vertrautheit geteilt werden. Der Schenker bietet seine Mühe, Motivation und volle Aufmerksamkeit, der Beschenkte zeigt Vertrauen und lässt sich komplett in die Arme des Schenkers fallen. Da man dies in der Hektik des Alltags vergessen kann, lohnt es sich, sich aktiv Zeit für das Geben und Nehmen zu schaffen und ein eigenes Ritual entstehen zu lassen.

Übungsteil:

Wie könnte dein idealer Tag aussehen? Lass dich einmal von deinem Partner verwöhnen.

1. Jeder Partner schreibt seinen Traumtag auf ein Blatt Papier. Beschreibt den Tag vom Aufwachen bis zum Einschlafen. Dies kann gerne etwas Außergewöhnliches sein, aber seid realistisch, sonst bleibt der Tag ein Traum. Du kannst dich auch von deinem Partner überraschen lassen.
2. Besprecht nacheinander eure Traumtage und unter welchen Voraussetzungen sich dein Partner vorstellen kann, den Tag für dich zu planen und durchzuführen.

3. Findet jeweils ein Datum für die Tage.
4. Bedanke dich bei deinem Partner für den Tag und geht ins Gespräch darüber, was im Besonderen gelungen war.
5. Wiederholt die Übung nach Lust und Laune.

Raum für Notizen:

Rituale

Die vier Jahreszeiten (Partnerübung)

„Denn das ist eben die Eigenschaft der wahren Aufmerksamkeit, dass sie im Augenblick das Nichts zu Allem macht.“
- Johann Wolfgang von Goethe

Rituale sind die wahren Schätze der Beziehung. Sie sorgen für emotionale Verbundenheit, spiegeln den Charakter und die Einzigartigkeit der Partnerschaft wider und machen glücklich. Ein schönes Jahr zu haben heißt, viele einzigartige Momente zu erleben. Die Jahreszeiten mit ihren unterschiedlichen Stimmungen bieten euch dabei genügend Inspiration, um euer Jahr zu etwas Außergewöhnlichem zu machen. In dieser Übung geht es darum, besondere Momente zu zelebrieren, scheinbar Alltägliches zu genießen und gemeinsame Bedürfnisse zu kommunizieren und auszuleben.

Übungsteil:

Beantwortet die folgenden Fragen:

- Welche Bilder habt ihr im Kopf, wenn ihr an die vier Jahreszeiten denkt?
- Mit welchen Bildern verbindet ihr die angenehmsten Erfahrungen?
- Welche Aktivitäten findet ihr jeweils besonders wohltuend in den jeweiligen Jahreszeiten?
- Mit welchen Unternehmungen könnt ihr den Alltag in den vier Jahreszeiten zelebrieren?
- Über was würdet ihr euch in höchstem Maße freuen?
- Mit welchen Aufmerksamkeiten könnt ihr euch gegenseitig den Tag versüßen?

1. Leitet für jede Jahreszeit mindestens ein Ritual ab (gemeinsame Aktivitäten, wie zum Beispiel ein Aperol Spritz bei den ersten Sonnenstrahlen im Frühling, eine Bootsfahrt auf dem See im Sommer, ein Spaziergang im Wald durchs duftende Laub im Herbst oder eine winterliche Schlittenfahrt auf einer Berghütte).

Raum für Notizen:

Rituale

Dankbarkeit als Weg zum Glück

(Einzel- und Partnerübung)

„Dankbarkeit und Liebe
sind Geschwister."
- Christian Morgenstern

Dankbarkeit ist eine ebenso effektive wie wohltuende Methode, um sich und seinem Partner Glück zu schenken. Dankbarsein wirkt wie Wellness für die Seele und ist dabei vollkommen kostenlos. Von Zeit zu Zeit ist es daher sinnvoll, innezuhalten, um an die vielen Dinge zu denken, für die du in deiner Beziehung dankbar bist. Im herkömmlichen Verständnis zeigt man Dankbarkeit oft aus Höflichkeit oder wenn man ein Geschenk bekommen hat. Wahre Dankbarkeit ist eine tief gehende, wertschätzende Haltung und kann in vielen Gewändern erscheinen. Losgelöst von Besitz und Reichtum sind es oft die alltäglichen Dinge, die eine dankbare Haltung ermöglichen. Nimm dir die Zeit, um das wertzuschätzen, was für dich bedeutsam ist.

Übungsteil:

Variante 1 (Einzelübung):
Ergänze diese Sätze eine Woche lang täglich:

- Ich bin dankbar, dass ich heute…
- Ich bin meinem Partner dankbar dafür, dass er heute…
- Ich bin dankbar, dass mir meine Beziehung heute die Gelegenheit dazu gibt… Ich bin dankbar dafür, dass ich heute… von meinem Partner lernen durfte.

Variante 2 (Partnerübung):

1. Sucht euch einen Ort in der Wohnung aus, an dem ihr euch beide regelmäßig aufhaltet, z.B. die Küche, und stellt dort eine Box auf.
2. Schreibt einen Monat lang jeden Tag drei Dinge auf, für die ihr in der Beziehung dankbar seid, und legt sie in die Box. Je konkreter diese Dinge sind, desto besser.
3. Jedes Mal, wenn euch danach ist, könnt ihr die Box öffnen und euren Fokus auf die schönen Seiten eures Lebens richten.

Raum für Notizen:

Rituale

Jeden Tag wachsen (Einzel- und Partnerübung)

„Man kann nicht in die Zukunft schauen, aber man kann den Grund für etwas Zukünftiges legen - denn Zukunft kann man bauen."
- Antoine de Saint-Exupéry

Pärchen wollen ihre Beziehungen nicht einzig am Leben halten, sondern mit ihnen wachsen. Eine Beziehung, die sich nicht weiterentwickelt, kann mit der Zeit einschlafen. Eine Beziehung wachsen zu lassen, bedarf der kontinuierlichen Pflege. Ältere, größere Pflanzen brauchen mehr Wasser als jüngere, kleinere Pflanzen. Dasselbe gilt für Beziehungen. Je fortgeschrittener die Beziehung ist, desto mehr Pflege benötigt sie. Wichtig ist, wachstumsfördernde Verhaltensweisen als festen Bestandteil des Alltags zu etablieren und somit zur Normalität werden zu lassen.
Die folgende Übung zeigt euch, wie ihr eure Beziehung mit minimalem Aufwand zum Wachsen bringen und jeden Tag den Fokus ein bisschen mehr auf eure Stärken richten könnt. Beginne am besten mit der Einzelübung, damit du mehr von der Partnerübung profitierst.

Übungsteil:

1. *Einzelübung*: Schreibe jeden Tag fünf Dinge auf, die dir an diesem Tag an dir gefallen. Welche davon dürfen gern weiter ausgebaut zu werden? Wovon kannst du mehr machen? Was hast du heute gut gemacht?
2. *Partnerübung*: Schreibe jeden Tag fünf Dinge auf, die an diesem Tag ein positives Gefühl in dir auslösen (z.B. Aussagen, Verhaltensweisen, körperliche Merkmale, Mimik, Gestik etc.).

Welche davon sind es wert, weiter ausgebaut zu werden? Wovon darf dein Partner gern mehr machen? Was hat dein Partner heute gut gemacht?

Raum für Notizen:

Cooldown

Erfolg sehen (Partnerübung)

Ihr habt es geschafft! Ihr habt alle Übungen absolviert, die euch einen Mehrwert bringen und könnt euren Fortschritt durch das Training sehen. Ihr dürft erneut eure jeweilige Einschätzung vornehmen und diese im Anschluss mit der ersten Einschätzung vom Erfolgsrezept vergleichen. Die Ergebnisse könnt ihr mit der darauffolgenden Reflexion diskutieren.

1. Unsere Beziehung ist mir wichtig.
   nein - eher nein - ich weiß nicht - eher ja - ja

2. Ich will an unserer Beziehung arbeiten.
   nein - eher nein - ich weiß nicht - eher ja - ja

3. Wir sprechen die gleiche Sprache.
   nein - eher nein - ich weiß nicht - eher ja - ja

4. Wir wachsen an Konflikten.
   nein - eher nein - ich weiß nicht - eher ja - ja

5. Wir wertschätzen uns gegenseitig.
   nein - eher nein - ich weiß nicht - eher ja - ja

6. Wir unterstützen uns im Alltag.
   nein - eher nein - ich weiß nicht - eher ja - ja

7. Wir sind ein Team und treffen Entscheidungen gemeinsam.
   nein - eher nein - ich weiß nicht - eher ja - ja

8. Wir verbringen unsere Zeit sinnvoll miteinander.
   nein - eher nein - ich weiß nicht - eher ja - ja

9. Wir unternehmen Dinge, die wir aufregend finden.
   nein - eher nein - ich weiß nicht - eher ja - ja

10. Wir erfreuen uns mit gegenseitigen Aufmerksamkeiten.
   nein - eher nein - ich weiß nicht - eher ja - ja

11. Wir tauschen Zärtlichkeiten aus.
   nein - eher nein - ich weiß nicht - eher ja - ja

12. Wir leben unsere sexuellen Bedürfnisse miteinander aus.
   nein - eher nein - ich weiß nicht - eher ja - ja

Reflexionsfragen:

- Wie geht es euch jetzt?
- Welche Erfolge konntet ihr durch das Training verzeichnen?
- Mit welchen Ergebnissen seid ihr zufrieden?
- Was hat sich verbessert?
- Wo seht ihr weiterhin Handlungsbedarf?
- Was hat nicht funktioniert?
- Wie geht es für euch weiter?

Option A: Ihr seid mit den Ergebnissen komplett zufrieden
→ Beendet das Training, bis ihr erneuten Handlungsbedarf seht. Wenn ihr Lust habt, könnt ihr die Übungen nach Lust und Laune weiter durchführen.

Option B: Ihr seid mit den Ergebnissen zufrieden und wollt ein paar Module vertiefen
→ Führt die infrage kommenden Übungen (regelmäßig) durch, bis ihr zufrieden seid.

Option C: Ihr findet trotz der Übungen zu keiner zufriedenstellenden Lösung
→ Sucht euch Unterstützung in Form einer Paartherapie.

Interlude

Bis Zen zählen

Atemübungen sind ausgesprochen wirksam, wenn es darum geht von beherrschenden Emotionen Abstand zu gewinnen und dabei präsent zu bleiben. Diese Übung kann, neben den anderen Interludes (engl. für Zwischenspiel) auch abseits des Kontexts dieses Buches in den Alltag integriert werden. Ihr könnt sie beispielsweise vor, während oder nach der Arbeit, nach dem Aufwachen oder vor dem Einschlafen anwenden. Ein Nebeneffekt ist, dass Disziplin durch Atemübungen mühelos geübt und die konstruktive Verarbeitung der Gefühlswelt angeregt werden kann. Wir empfehlen, tief in den Bauch einzuatmen und sich dabei vorzustellen, wie sich der ganze Körper mit frischer Luft füllt. Unerwünschte Gedanken, Sorgen und Ängste werden ausgeatmet.

Variante 1:
Ein- und Ausatmen, im Kopf bis Zehn mitzählen (Einatmen 1, Ausatmen 1, ... Einatmen 10, Ausatmen 10)

Variante 2:
Nur Einatmen, im Kopf bis Zehn mitzählen, das Ausatmen geschieht „stumm“ (Einatmen 1, ... Einatmen 10)

Variante 3:
Nur Ausatmen, im Kopf bis Zehn mitzählen, das Einatmen geschieht „stumm“ (Ausatmen 1, ... Ausatmen 10)

Du kannst die Varianten miteinander kombinieren, wie du möchtest. Wenn du die Varianten in wechselnder Reihenfolge anwendest, erhöhst du deine

Aufmerksamkeit und dadurch den entspannenden Effekt.

Interlude

Clearmind

Dies ist eine weitere Übung, die dir dabei hilft Anspannung zu vermindern und einen klaren Kopf zu bekommen. Die Visualisierung eines „geklärten Geistes" wirkt dabei wie das Aufräumen eines chaotischen Zimmers und eignet sich als Einleitung, Übergang und Abschluss im Alltag, wie beispielsweise vor und nach der Arbeit, zwischen Terminen und nach aufwühlenden Ereignissen.

1. Such dir eine bequeme Sitzposition und schließe die Augen.
2. Komme kurz im Raum um dich herum an und lege deinen Fokus auf deine Atmung.
3. Stelle dir vor Wellen schwappen über dich und nehmen dabei alle belastenden Eindrücke in deinem Kopf mit.
4. Beim Einatmen kommen die Wellen an und beim Ausatmen spülen sie alle Gedanken von dir fort.
5. Mach die Übung so lange, wie es sich für dich angenehm anfühlt.

Interlude

Heilende Hände

Diese Übung aus dem japanischen Heilströmen, einer traditionellen Heilmethode, hilft dir auf scheinbar wundersame Weise, den ganzen Körper zu entspannen. Durch den sanften Druck auf die Finger werden Ängste gelöst und Gefühle der Geborgenheit und des Glücks angeregt. Du kannst die Übung jederzeit durchführen, beim Warten, vor dem Fernseher, bei der Arbeit und vor aufregenden Situationen.

1. Umschließe mit einer Hand jeden Finger der anderen Hand für mindestens 30 Sekunden.
2. Wende dabei sanften Druck an.
3. Wiederhole das Ganze mit der anderen Hand.

Interlude

Dankbarkeit

Suche dir fünf Momente, Ereignisse und Dinge von heute aus, für die du dankbar bist. Dankbarkeit hat viele Gesichter, sie kann die Gestalt der Freude, der Zufriedenheit, des Genusses, der Lebenslust und vieler weiterer positiver Gefühle und Empfindungen annehmen. Wenn du dich beispielsweise auf eine Unternehmung, ein Essen oder eine bestimmte Gesellschaft in deinem Alltag freust, steckt dahinter die Dankbarkeit, das Leben auf diese Art genießen zu dürfen. Sprich die Dankbarkeit aus oder stelle sie dir in deinem Kopf vor und konzentriere dich auf das wohlige Gefühl, das dadurch in dir entsteht.

Interlude

Augen entspannen

Durch diese Übung wird der Vagusnerv, ein Teil des Parasympathikus und damit des zentralen Nervensystems, angesprochen. Deine Augenmuskeln sind nach einem langen Tag oft angestrengt, wodurch diese Massage zur erholsamen Entspannung für den ganzen Körper wird.

1. Reibe deine Hände warm.
2. Lege sie für ein bis drei Minuten auf deine Augen, sodass du nichts mehr sehen kannst.
3. Im Anschluss massiere die Muskeln rund um die Augenhöhlen sanft mit den Fingern. Gute Entspannung!

Sharing is caring

Falls dir unser Buch gefallen hat, würden wir uns beide sehr über deine Rezension freuen. Als unabhängige Autoren hilft uns das, um unser Buch mehr Lesern zugänglich zu machen. Selbst eine kurze Bewertung ist für uns schon enorm wertvoll.

Falls du jemanden in deinem Umfeld hast, der von diesem Buch profitieren kann und sich das Buch nicht leisten kann, verschenke das Buch gerne. Sharing is caring!

Kill your darlings, find love.
Marco & Simon

Bonus für dich

Wenn du zusätzlich kostenlose Bonusmaterialien und Updates zu unseren neuen Projekten bekommen willst, kannst du dich gerne auf für unseren Newsletter unter maindomedia.com anmelden.

Literaturverweise

(1) Lewin, K. (1989). Changing as three steps: Unfreezing, moving, and freezing of group standards. *Organizational development: Theory, practice, and research, 87.*

(2) Porges, S. W. (2001). The polyvagal theory: phylogenetic substrates of a social nervous system. *International journal of psychophysiology, 42*(2), 123-146.

(3) Dana, D. A. (2018). *The Polyvagal Theory in Therapy: Engaging the Rhythm of Regulation (Norton Series on Interpersonal Neurobiology).* WW Norton & Company.

(4) Dar-Nimrod, I., & Heine, S. J. (2006). Exposure to scientific theories affects women's math performance. *Science, 314*(5798), 435-435.

(5) Schulz von Thun, F. (1981). Miteinander reden 1: Störungen und Klärungen. *Reinbek bei Hamburg, 380,* 409.

(6) Luft, J., & Ingham, H. (1961). The johari window. *Human relations training news, 5*(1), 6-7.

(7) Prior, M. (2002). MiniMax-Interventionen. *Heidelberg: Carl-Auer-Systeme Verlag, 2.*

(8) Lazarus, A. A. (2000). *Fallstricke der Liebe: vierundzwanzig Irrtümer über das Leben zu zweit* (Vol. 36185). Klett-Cot

Danksagungen

Wir danken unseren Familien und Freunden, und speziell:

Karin Seibold,
Sigrid Kerhsenfischer
KJP Julia Bresgen,
Andreas Cofré-Espinoza,
Alina Motyka,
Maximilian Bachmann,
Hannah Janzen.

Für wertvolle Unterstützung, Anmerkungen und kreative Inspiration.
Darüber hinaus gehen herzliche Grüße von Marco an das Münchner Institut für systemische Weiterbildung (MISW) und an die gesamte Gruppe des Jahrgangs 2014 - 2016, die diese Ausbildung zu einem unvergesslichen Lebensabschnitt gemacht haben.
Ebenso wollen wir uns bei unserem Illustrator Hiram Espinosa bedanken (seine Kunst kann man hier bewundern: lontanuccio.myportfolio.com).
Wir ziehen außerdem den Hut vor Philip Riesinger, dessen Einsatz uns auf den letzten Meilen eine große Hilfe war.

Impressum

Bibliografische Information der Deutschen Nationalbibliothek: Die Deutsche Nationalbibliothek verzeichnet diese Publikation in der Deutschen Nationalbibliografie; detaillierte bibliografische Daten sind im Internet über http://dnb.dnb.de abrufbar.

Kontakt: info@maindomedia.com

1. Auflage

Cover & Illustrationen: Hiram Espinosa
Korrektorat & Satz: Melanie Günther & Philip Riesinger

Dieses Buch ist auch als E-Book erhältlich.

Printed in Poland
by Amazon Fulfillment
Poland Sp. z o.o., Wrocław

64454507R00099